国 内 首 档 青 少 年 健 康 成 长 心 理 释 放 表 述 节 目

倾听少年说

TEENAGER SAID

记录成长记忆中的
每一次呐喊和诉说

湖南广播电视台卫视频道　编著

人民日报出版社

这些年，相识的学生很多，勇于上台的是最特殊的一群。

这些年，录制的节目很多，《少年说》是最特别的一个。

我是一名老师，一名节目主持人，也是一位父亲。三季节目录制下来，从没有哪一档节目，会在这三个身份上给我留下如此持久而又深刻的影响。

节目刚播出的时候，很多朋友就问我，《少年说》是一档什么样的节目。我笑着回答："孩子们走上高台大声喊的节目。""就这么简单？""就这么简单！"极优秀的节目，都是极简的。极简的形式，极小的切口，极真的情绪，极深的延展。

"大声喊"，本质是什么呢？

先说"大声"。"大声"，是个放大器，像酒。放大的不只是音量，而且是勇气。平日里不敢说出的话语，不敢触及的话题，不敢流露的情绪，一旦竭尽全力大声喊出来，就仿佛获得了某种神秘力量的加持，加之踏上高台，一下子就冲破了那些沟通的隔阂、脸面的樊篱，汹涌澎湃而又淋漓尽致。

再说"喊"。"喊"，本质是沟通，而它的呈现形式，是一座座不同维度里五彩斑斓的桥梁。

　　直白点说，这是一座孩子和家长之间的沟通之桥。"老陪手机不陪我！""补习班实在太多了！""为什么从不表扬我？""又生了一个就不爱我了！"很多情绪感受在心中郁积了很多年，说出来还是第一次。同样，家长这边也要拒绝大话、空话、套话、废话。"你是最棒的！"这种敷衍、笼统、形式化的夸赞是孩子不屑的，他们渴望听到的是掏心窝子的话。

　　家长都很辛劳，工作起来没日没夜甚至一出差好几天——孩子的陪伴需不需要兼顾？

　　参与节目录制的家庭中，有的家长是食堂工人，有的家长是环卫工，有的家长从事快递行业，有的甚至不谈职业……一位初中女生的父亲已经72岁——我们对所有孩子能否做到发自内心的平等对待与尊重？报了十几个补习班每晚疯狂抄书的孩子成绩稳居前列却打心眼里不开心——家长应追求效率还是保护孩子的兴趣？

　　留守儿童、弱势群体、减负政策——一个人的背后，永远是一类人。勇气台像一枚全息透镜，投射出每颗喊话的水珠背后的苍茫大海。那是我们不应该遗忘的海面。

这还是一座媒体人与内心价值观念的邂逅之桥。所有冲突，本质上都是价值观的冲突。喊话结束，主持人有机会站在两方之间，如何开口？如何引导？这是与自己内心的深层观念对话的时刻。

妈妈希望女儿多学学做家务，"要不然，以后怎么找对象啊！"该怎么去跟这位妈妈对话？

爷爷爱上骑摩托，爸爸妈妈却担心老人的安危，希望老人在家写写字、养养花，孩子该站哪边？

前现代与现代性、传统与当下、经验与理性不断碰撞，而每一次表达，不仅影响台上的诸位，更是借由电波辐射绵长。言语重千钧，开口须慎之又慎！

最后，这是每一个观众与自己青春的独处之桥。每次节目播出，只要在家，我一定会拉着爱人再看一遍。那莫名的悸动，那羞涩的咧嘴，那阳光直射的灿烂，感觉自己的青春时代一瞬间都回来了。为什么看《少年说》容易哭？追忆最不舍，纯粹最动人。

当好一座桥梁，已可以成为一档优秀节目了。而《少年说》这三座桥，跨越着这些维度，令人感叹！更为神奇的是，链接并没有在这里结束，它还在继续延展。从画面到纸面，从言语到文字，《少年说》内容的结集出版，给了所有为错过节目而遗憾的朋友一个极佳的弥补机会——我们不要稍纵即逝，而要让这些链接与碰撞隽永留存。也许80年或者100年后，那些画面背后的数据信息已消失在汪洋大海之中，但这本小书所记录的这个时代的真实截面，能够让我们的后辈掩卷之后沉思良久，便不虚此行了。

是为序。

陈铭

2019年11月　于北京故宫

目 录

第一章
家庭

第一节　青春期撞上更年期

第二节　爱你就像爱生命

第二章
校园

第三章
社会与梦想

第一节　我想和世界谈谈

第二节　少年梦

第一章

家庭

家庭是大自然创造的杰作之一。

——乔治·桑塔亚纳

The family is one of nature's masterpieces.

——George Santayana

"别人家的孩子比你好！""上补习班这事必须听我的！""你为什么没有拿第一？"……

这样的话语，你说过吗？

"补习班真有这么大的作用吗？""手机才是爸爸妈妈的孩子！""我不想再喝您的'鸡汤'了！"……

这样的呐喊，你听过吗？

少年的喊话，勾勒出一个又一个中国家庭的剪影。

家庭是社会的细胞，家长是孩子的第一任教师，家庭氛围对孩子的成长至关重要。在与少年的聊天中我们发现，80%的家长不知如何有效地与孩子沟通，造成的现状，即亲子之间产生各种各样的误会和摩擦。孩子们体谅着父母的付出，却总是无法换来平等的尊重与沟通。

"别人家的孩子""家长的掌控欲""厌烦父母的说教""期待父母的鼓励和认可"……这些话题是我们在聊天过程中反复遇到的，它们具有一定的典型性和现实针对性。

归根结底，"爱"才是家庭的主基调。即使满腹委屈和埋怨，即使不被理解，少年在镜头前更多的却是在表达爱意："对不起，我爱你！""让我陪您慢慢变老""妈妈，我会一直守护您"……他们稚嫩而热烈的话语，以及话语中承载的质朴情感，时常令我们当场湿了眼眶。

当下正上演着的这些不同的家庭故事，正如多棱镜般再现着多样的现实，让每个人在这里看到自己，反省自己。学会沟通，是父母一生的必修课。

这一章节的少年喊话，便是关于少年与家庭的温情故事。

"每 个 孩 子 都 是 独 一 无 二 的"

一、"孩子不是只有别人家的好!"

很多人都在网上听过这样一句话：有一个人，他十项全能，他什么都好，他呢，就是"别人家的孩子"！

长沙明德华兴中学
初一（14）班　袁璟颐

【喊话】————————————————————袁璟颐

今天，我想和大家说说我的妈妈。

每逢考试的时候，妈妈总拿我与"别人家的孩子"做对比，她就是我那个全班第一、全年级第一、全校第一乃至全联盟第一的学霸女闺蜜！妈妈总说："你看你成绩这么差，人家怎么就跟你做朋友了呢？"

妈妈，孩子不是只有别人家的好！你自己的孩子也很努力，为什么你就不看一下呢？

【回应】 ──────────────────────────────────── 妈妈

妈妈：璟颐，我认为我是比较客观的。第一，我（拿你）与别人家孩子做对比的时候，不是说一定只跟吴笛 _{（前面提及的学霸女闺密）} 比；第二，我觉得你没有领悟到重点，你要跟人家比，培养好的学习习惯，掌握好的学习方法，方法和习惯是伴随你终生的。我觉得做事情，要做到事半功倍，千万不要事倍而功半，这就是你在学习中要掌握的东西，跟成绩好坏无关。

袁璟颐：为什么我一直在努力，你却从来看不见呢？

妈妈：因为我认为在你的性格里，如果不打击你，你可能就有点飘……

袁璟颐：我说了我不适合激将法，你们老是打击我，我会觉得自己很差！

妈妈：我问你，妈妈承诺你的事情，妈妈都做到了吗？再反思一下，你承诺我的，你都做到了吗？我提的要求，都在你可以达到的范围内。

袁璟颐：那你以后可不可以不要再说"别人家的孩子比你好"这样的话了？

妈妈：当你很强的时候，我觉得我要拍一下；当你觉得自己很弱的时候，我要推你一把，我看到你的闪光点了。同时，有些东西你一定要改，不是说我肯定你，你就可以出效果。（全场沉默）

精彩片段回顾

二、"我就是那个别人家的孩子"

我们每个人，都有自己的优点和缺点，在成长的路上，我们遇到的最大敌人，不是"别人家的孩子"，而是我们自己！

长沙明德华兴中学

初一（14）班　吴笛

【喊话】————————————————吴笛

　　大家好，我就是袁璟颐口中那个全班第一的"别人家的孩子"，我叫吴笛。

　　大家一直都在说，别人家的孩子多么品学兼优、多么优秀，可是你们这样说的时候，有考虑过"别人家的孩子"的感受吗？别人家孩子的父母口中也有一个"别人家的孩子"，我的妈妈就经常跟我说："你看看你们班那些同学，每一个人体育都及格了，而你，什么都不行！"

　　在这里，我想说的是：我们每个人都有自己的优点和缺点，在成长的路上，我们遇到的最大敌人，不是"别人家的孩子"，而是我们自己！

【回应】————————————————袁璟颐妈妈

袁璟颐妈妈： 我觉得这句话才是对的！

　　主持人：闺密俩先后登了台，正好闺密（袁璟颐）的妈妈也在，我们把璟颐请上来。璟颐现在压力大吗？

　　袁璟颐：大。

主持人： 大在哪儿？

袁璟颐： 我的妈妈总是说她好厉害！

主持人： 璟颐妈妈，有一个特别简单的帮助她快速感受到快乐的方法，您现在不假思索地大声说出璟颐身上最鲜明的三个优点。

袁璟颐妈妈： 第一，我的孩子特别善良；第二，我觉得她的口才很好；第三，我觉得她特别善于表达。

主持人： 这跟第二个是同一个，再说一个（优点）。

袁璟颐妈妈： 我觉得她的学习还不错。

袁璟颐： 妈妈每次夸我就这几句。

主持人： 璟颐妈妈，我希望您听听吴笛怎么看您的女儿璟颐。

吴笛： 璟颐是我们女孩子中最善良、最大胆的，这一点，我平心而论比不了。她用她天生的热忱感染了我们全班所有的同学甚至是老师，她是无可替代的。

袁璟颐妈妈： 璟颐，你能够站在台上把这些话说给妈妈听，妈妈知道了以后该如何与你沟通，如何去鼓励你。以后你可以自己管自己的学习，妈妈不去操心，也不去介入，但你要保证你会不断成长、不断进步，好不好？

袁璟颐： 好的。

【回访】

吴笛：《少年说》节目播出之后，璟颐学习很努力，并且考了3A。

袁璟颐：我妈妈改了一些，不再像以前那样大声喊叫或者冲我一顿吼，也不会再提"别人家的孩子"了，而是说"没关系，慢慢来"。我觉得《少年说》给了我们一个可以说出自己内心话的平台，无论怎样，都要勇敢地登上勇气台，因为它是你迈出勇气和自信的第一步。

导演组：生活处处需要勇气台。每个孩子都是"别人家的孩子"，每个孩子都是独一无二的，他们需要家长的鼓励和肯定。

【精选留言】

@ **中国教育新闻网：** 在孩子的成长阶段，他们非常在意父母的感受和看法，如果爸爸妈妈都说别人做得好、自己做不到的时候，容易陷入无助和自卑，也会增加父母与子女之间的沟通障碍。每个孩子都期待获得肯定和认同，每个孩子也都有自己的个性和特长，家长应多看到孩子的进步和优点，给孩子正面的引导和激励。

@ **周刊作者团：** "别人家的孩子"几乎是每个中国学生都有的心理阴影。从小总被父母拿来和别的优秀生对比，结果就是一番奚落和打击。在中国父母的心里，似乎这是一种有效的激励方式，其实这不过是一种变相的情绪发泄，是对别人家小孩赤裸裸的羡慕和嫉妒，更是对自家孩子恨铁不成钢的恼怒。可是家长忽视了在这种情绪背后，对自己的孩子无形中造成了巨大伤害，轻则垂头丧气、迷失自我，重则自暴自弃、走上歪路。

@ 二绵狗大王：有的父母想让孩子做到最好，但他们有没有想过在他们和孩子一样大的时候，他们有没有能耐做得和孩子一样好。你可以拿孩子和别人比较，但你不能否定孩子的一切，该夸就得夸，有多少孩子是因为这样愚昧的父母而被逼患上了心理疾病，又有多少孩子变成了只有好成绩却不知道如何做人的废人。

@ 吃瓜仙女：每个父母都"望子成龙"，但尊重孩子，接受孩子的平凡，让他们拥有幸福快乐的能力才是更重要的事！这么简单的道理，孩子都懂，父母却不懂。

@ 云中 tea：忽然意识到自己成了小时候最不喜欢的父母。改！改！改！最大的敌人不是"别人家的孩子"，而是自己的心魔。理解孩子，尊重孩子，做到言行一致。

【陈铭观点】

"激将法"是绝大多数孩子的童年阴影。孩子不是工具，效率也不是成长的全部。就像每一朵花都有自己的花期，每一个人也有自己的人生节奏，为人父母无须看到别的花早早的怒放，无端端做出"揠苗助长"的昏招。父母都深爱自己的孩子，却总是用自以为是的爱代替了沟通，用居高临下的说教去说服孩子。殊不知，这样的姿态会让彼此产生深深的隔阂，也让孩子逐渐迷失了自己。每个孩子都是落入凡间的天使，只是有很多父母缺少了一双发现的眼睛。

精彩片段回顾

"手机才是爸爸妈妈的孩子!"

爸爸妈妈,拜托你们放下手机,陪陪我,好吗?

北京师范大学株洲附属中学
五年级(4)班 叶子健

 【喊话】————————————————— 叶子健

　　小时候的我总认为,手机才是爸爸妈妈的孩子!每次我抬起头来看他们时,他们正目不转睛地盯着手机看。我不知道手机里到底有什么好看的东西,竟然比我还重要!

　　你们大人总是这样,为了图现在的安静,用手机稳住我们。我们长大后沉迷于手机,你们又会觉得我们被手机耽误了……可是你们有没有想过,在小的时候,是谁把手机塞到我的手里?又是谁放弃了对我的关爱和陪伴?有时候我会想,手机才是我的爸爸妈妈……

　　所以,爸爸妈妈,拜托你们放下手机,陪陪我,好吗?

 【回应】————————————————— 爸爸和妈妈

爸爸:叶子健,无论手机多么好玩,都无法取代你在我和妈妈心里的地位!

叶子健：但是我非常希望你们能多陪陪我！我想与你们说话的时候，你们在干什
么？玩手机！我想让你们陪我出去走一走的时候，你们在干什么？玩手机！

妈妈：宝宝，请你冷静一下，也请你给我一点时间，妈妈首先得向你说一声
对不起！

爸爸：我们说得轻松一点，好不好？你觉得《王者荣耀》游戏好玩吗？

叶子健：在你们没有陪伴我的时候，我觉得它是我唯一的陪伴者。

爸爸：我没有说我不愿意陪伴你。

叶子健：但是你在生活中的实际行动已经告诉我了！

妈妈：科技改变了我们的生活，就像你刚才说的，手机占用了我们的亲子时
间、沟通时间。你说我们没有反思，妈妈认为你给我们的时间有一点
短，请你给我们足够的时间去改变，好不好？妈妈诚恳地希望我们能
够一起成长，宝贝，可不可以？

叶子健：可以。

【精选留言】

@富书： 这份期望有多渴望，就有多无奈，有多无奈，就有多令人心酸。对于很多孩子来说，他们并不在意父母给予了自己多少物质上的养育，而是渴望陪伴，渴望相互了解，渴望自己的内心被看到。

@热心群众路人甲： 以前没手机的时代，家里都是欢声笑语。自从有了手机，特别是网络时代的出现，人人都成了低头族，沟通变得罕见。如今想说话，却是在尬聊，最后变得不如沉默的好。

@刘娜： 不少家长都习惯于将自己做不到的事情和无法实现的梦想，强加到孩子身上，也善于把自己无法消化的愤懑和无处安放的失落，发泄到孩子身上。家长本身就患有"重度手机癌"，为了减少陪伴压力，在孩子小时候把手机甩给孩子。当有一天，他们想让孩子远离手机时，才发现孩子已经深陷电子游戏，无法自拔。

@捡书姑娘： 在孩子最需要爱和关护的时期，一味地拿冷冰冰的电子设备作陪，长此以往，孩子和自己之间的距离只会变得越来越远。

【陈铭观点】

我们总怪孩子沉迷于手机，却没有认真思考过背后的原因。一方面，父母手机不离手的言传身教给了孩子错误引导；另一方面，父母疏忽了陪伴孩子，手机成了孩子的唯一陪伴和倾诉对象。子健虽然年纪小，但他说得很对，有时候是因为父母沉迷于手机，不想被打扰，亲自把手机送到了孩子手里。希望所有的人都能放下手机，多陪陪身边的人，尤其是孩子，别让一块冰冷的机器阻隔了人心的距离。

精彩片段回顾

"补习班真有这么大的作用吗?"

现在对我们这些学生来说,放假就意味着——上不完的补习班!

北京师范大学株洲附属中学
初二(2)班 曾心蕾

【喊话】 ——————— 曾心蕾

在我爸妈那个年代,大家都特别喜欢放假。因为放假意味着玩、睡懒觉。
可是,现在对我们这些学生来说,放假意味着——上不完的补习班!

我觉得上补习班的一般只有三种人:第一种,成绩特别差,必须去上补习班;第二种,成绩特别好,来补习班提高;第三种,也就是我遇见最多的一种,跟风上课!家人一句"别人都在上,你也去上吧",就让我们宝贵的假期泡了汤!

我想说,上那么多的补习班,真有那么大的作用吗?

【回应】 ——————— 妈妈

妈妈:我也没办法,现在的社会并不像我们当时的环境,现在的竞争非常激烈,只有让你多学多看多做,你才会不断地进步。你现在所吃的苦、受的累,到时候会让你尝到很多的甜头。

曾心蕾：你说"吃得苦中苦，方为人上人"，要是我现在吃了好多苦，以后还是没有变好，怎么办？

妈妈：你吃的苦永远都不会浪费，在妈妈眼中你是最棒的。

曾心蕾：我哪一门学科学得不好，你才应该让我去补这一科，而不要总是语数英三门 （学科）。

主持人：在所有的学科当中，有没有你特喜欢的一门学科？

曾心蕾：生物，算吗？

主持人：当然算！喜欢这门课，学的过程中会感受到快乐，对吧？那如果妈妈真的报了一个生物补习班，你会喜欢上吗？

曾心蕾：会！

【精选留言】

@荒岛寻己：家常通常都会以"为了孩子好"的理由，强迫孩子上一系列他们不感兴趣的课外班。殊不知，这一句"为了孩子好"，成为孩子生命中不可承受之重。

@心有千千结："望子成龙，望女成凤"是所有父母的愿望，但在孩子的成长过程中，请不要忘记，孩子也有独立的思想，有自主选择的权利，请不要剥夺孩子日常生活中选择的自由。

@guess：教育孩子，不是简单粗暴式的"我负责拿钱，你负责上课"，而是要看得见孩子，尊重孩子自己的选择。

【陈铭观点】

其实很多孩子并非反对补习班，而是排斥被强迫做自己兴趣之外的事。家长担心自己家的孩子输在起跑线上，争先恐后地砸钱出力，把孩子的课余时间安排得满满当当。确实，这个社会竞争越来越激烈，父母的忧虑和期望理所当然，但被强迫去上的培训班，究竟是培养兴趣还是扼杀兴趣，答案真的很难说。我们更害怕的是，习惯了一切时间都被父母安排得明明白白的孩子，一旦离开了父母的重压，会爆发出怎样可怕的反弹力量。希望所有的孩子能越来越早地找到自我，希望天下父母能给予孩子守护自我的那份勇气和尊重。

精彩片段回顾

"妈妈，你能不能再爱我一次？"

妈，我们很少有机会交流，都已经变得有些陌生了……

长沙明德华兴中学
初二（3）班　徐雅雯

【喊话】　　　　　　　　　　　　　　　　　　　　　　徐雅雯

我妈妈工作总是很忙，我们很少有机会讲话。她在家的时候，总有接不完的电话，早上有，中午有，晚上也有……我不知道为什么她愿意拿出那么多的时间跟别人通话，但没有时间与我说话。

记得有一次我打电话给她，刚开始一直占线，后来好不容易接通了，她却用特别冷漠的语气问我："有什么事情？"妈，我们很少有机会交流，都已经变得有些陌生了……

今天，我想问问你：你是不是没有以前那么爱我了？如果是，你能不能再爱我一次？妈妈，你听到了吗？

【回应】　　　　　　　　　　　　　　　　　　　　　　妈妈

妈妈：孩子，妈妈想与你解释一下，上班的时候，妈妈需要与客户沟通，如果接了你的电话，妈妈的客户就会走掉。所以有的时候，妈妈当下没与你讲清楚，回家与你沟通也少，是妈妈的不对……孩子，妈妈想说，对不起！

徐雅雯：那你要多跟我讲话，好不好？你要答应我！

妈妈：没问题，妈妈向这个节目的所有观众保证，一个星期绝对有两天时间陪你，也会跟你一起做题目。

徐雅雯：不准反悔！

妈妈：妈妈保证！雅雯，妈妈还想问你一个问题，从10岁开始，妈妈就问你的理想是什么，到了14岁，妈妈也不知道你的理想是什么。我希望你今天能把你的理想说出来，让妈妈知道！

徐雅雯：我想要好好工作，带你环游世界！

妈妈：谢谢！我的宝贝，我太爱你了！

【回访】

徐雅雯：现在我在妈妈心中的分量变得比以前更重了。沟通能让两个人（我和妈妈）的心靠得更近。

导演组：每个孩子都是天使，都值得被疼爱。亲爱的爸爸妈妈们，不要因为工作而耽误了对孩子的陪伴。

【精选留言】

@ **卡娃**：在孩子眼中，最奢侈的请求不过是你肯抽出时间。但家长因为工作，长期不在孩子身边，或是即使在身边也没有时间去关注和了解孩子。对于孩子来说，他们就像是"隐形父母"，你永远不知道有多少个黑夜，很多孩子躲在被子里哭。

@ **高中生的日常**：听着真的觉得很无奈，父母以为只有挣更多的钱，才能给孩子更好的生活。可是后来发现，自己给的，却不一定是孩子真正想要的。

【陈铭观点】

这么多季节目录制下来，我发现孩子最缺的，最想要的其实很简单——父母的陪伴。无论对孩子还是老人，我们总说太忙了，忙着工作赚钱，忙着打拼事业，一刻不停闲，却忽略了腾出必要的时间来陪伴家人。有时候，家人的陪伴和生活的温暖，才是学习和工作最大的动力，不是么？

精彩片段回顾

"我和爸爸的聊天记录只有转账消息"

很遗憾我要通过这样的方式，才能跟我的爸爸说上几句心里话。

广州大学附属中学
高二（14）班　谢雨晨

 【喊话】 ——————————————— 谢雨晨

　　我的爸爸是一名大学老师，我为此感到骄傲极了！因为我觉得大学老师应该是最了解年轻人，跟年轻人最有共同话题，也是最幽默有趣的人。

　　但是，我的爸爸好像偏偏把我拒之门外了。我和我爸爸的微信聊天界面，永远都是他给我转生活费的消息，最多偶尔加上一句"天冷了记得穿秋裤"……

　　爸爸，其实我希望您问我的是：你在学校过得开不开心？爸爸，您好像对其他人都很健谈，为什么对我就这么寡言呢？

 【回应】 ——————————————— 爸爸

　　爸爸：女儿，你刚才提到的，我确实应该接受批评。因为个性，我们 (父亲) 更
　　　　愿意从行动上去表达自己。比如，我会在你学习疲倦的时候，为你沏
　　　　上一壶热茶，捧上一杯咖啡；每个星期五的晚上，我会炒你最喜欢吃

的菜；我经常会问你有没有穿秋裤，但你今天就没有穿秋裤，所以我刚才握你的手感觉很凉……老爸有时候在语言方面，确实不愿意表达太多；但在同事面前，我经常会跟他们说，女儿是我这一生最大的骄傲！所以我觉得我们的沟通，实际上并不是不顺畅，在这个浮躁的社会，重要的不是表达，而是理解。

谢雨晨：其实有一些话，我特别想说，我们从小接受的教育，我们读到的诗歌，还有文章里表现出来的父爱，都像大海一样深沉，不会轻易去表达。但其实我不喜欢这样的方式，我希望的是以后提起你，不是说我有一个很爱我的爸爸，而是我有一个他或许会脆弱，但在我面前永远坚强的爸爸，我知道他是一个有思想的人！所以，我希望我们以后可以多多交流，因为爱本身就是建立在彼此了解的基础之上，我要知道你所有的优点和缺点，但我还是很爱你，这才是真正的亲密，真正的亲人！

爸爸：确实，老爸以后更多地用这个方式去表达我的爱，好不好？宝贝女儿，我真的爱你！

谢雨晨：我也爱你！

【精选留言】

@ 小胖 123：传统观念总在强调：严父慈母，父爱无言，父亲要严肃有威信。其实很多家庭关系都比较拧巴，主要原因都是家庭成员之间缺少交流与理解，默默付出却不擅长表达。希望新的时代，更多的爸爸主动和孩子沟通，孩子的成长需要不断地沟通与关怀。请放下手机，多和子女说说话，探寻一下他们成长的乐与忧。

@ 堂堂：上一代的家长有不少都成长在缺乏亲密关系的环境里，等他们结婚生子后，便只能以同样的方式对待自己的孩子，毕竟没有人教过他们如何表达爱和关切。如今，新一代的家长越来越懂得跟孩子表达爱和情感的重要性，只是在表达方式上仍存在不少误区，反而加深了亲子间的矛盾。其实在表达爱这件事上，真的不是光说"我爱你"就够了。

【陈铭观点】

传统意义上，认为父爱无言就是用行动表达。我之前也和这位爸爸一样，觉得很多时候不要那么直白，妈妈可以腻歪一下，但爸爸就要威严，就像人们常说的"严父慈母"，父亲一般是沉默的、有距离感的，多做少说，这就是我之前的理解。但是台上的谢雨晨真的打动我了，父爱无言，用行动指引孩子的成长，是这个时代胜过一切的爱的教育。

精彩片段回顾

我想问大家一个问题，你们的妈妈会经常给你们发一些链接吗？

内蒙古师范大学附属中学
高一（13）班　那日娜

【喊话】————————————————**那日娜**

　　我的妈妈给我发的都是一些来自灵魂的拷问！比如："衡水中学学生作息时间表""你凭什么不努力？二十句话点醒千万学子""普通学生和学霸的分水岭，他们是怎么做的？"看到这些白色条框的链接，我只觉得头皮发麻！

　　妈妈！大道理谁都懂，小情绪难以控制，你能不能不要再用"鸡汤"来拷问我了！

【回应】————————————————**妈妈**

　　妈妈： 不能！我在和你斗智斗勇的过程中，理屈词穷的时候，我必须拿那些心灵鸡汤去感动你！因为人不只肠胃有饥饿感，人的心灵也需要获得给养，心灵鸡汤会养护你的心灵！

　　那日娜：如果我每天给你发"贤妻良母十则""论一个好妈妈是怎样养成

的"，你会高兴吗？

妈妈： 我高兴！我会按这些准则去要求自己，与你一起成长！我给你发的链接，你看过吗？

那日娜：我看过，可是这些事情你可以与我面对面地交流。

妈妈： 我没有多高的文化，我不会拿多华丽的辞藻去表达这些东西，我就希望你能去理解这些东西（链接）。你去理解，你去做，才是最有意义的！

那日娜：如果标题值得一看的话，我还是会去看的，我会努力改进我自己，在保持我优点的基础上，我会做得更好，更符合你的要求。我也会更爱你！谢谢妈妈！

【精选留言】

@**姝的影**：孩子刚上大学后，我把别人转发的、自认为对孩子有益的信息发给孩子。我儿子直言不讳地告诉我，他不想看"鸡汤"！我就再也没给他发过（链接）。但我和他的交流互动却没有停止，我们共同写了一篇大学生和父母交流的论文，融合了各自的观点，并进行了一定的深化。因此，为了让妈妈宽心，你可以主动多和妈妈交流，让她认识到，你有思想、有主张，很多看法已在父母之上了。

@**o 肥路路 o**："好好说话、好好吃饭、好好睡觉、好好读书、好好运动，那就会变成一切都是好好的！"妈妈在群里这样说。虽然她日常发的鸡汤文链接我很少认真看，不过这句话倒是说到心里去了。

【陈铭观点】

这不就是我们父母典型的朋友圈吗！各种鸡汤文的转载量可是多亏了咱们的爸妈。大多数家庭要真正坐下来，彼此间面对面、心贴心沟通交流，其实不太容易实现。这（那日娜与妈妈的互动）实则也是父母和孩子沟通的一种方式，正如那日娜妈妈所说，她说不出这么华丽的辞藻，便把她觉得最好的话用链接发给孩子，所以我觉得，这类型的鸡汤文，"形式"和"内容"应分开来看，父母表达爱的方式或许欠妥，但藏于内心深处的"爱和关怀"孩子应能感受得到。

精彩片段回顾

"到底是学习重要还是你儿子重要？"

我的老妈是做酒店管理的，今年已经38岁了。但这样的你却一直在准备考研。你读书太拼了，简直让我自愧不如，学习起来比我还"疯"！

天津泰达枫叶国际学校
四年级（7）班　李朗逸

 【喊话】━━━━━━━━━━━━━━━━ **李朗逸**

　　妈妈，我知道你工作很忙，两周才回一次家，回到家也是闷着头在房间里学习。别人家都是孩子学习没空理父母，而你却是自己忙于学习没空搭理我。我有时喊你好几遍，也得不到你的回应。你以前还会陪我打羽毛球，但现在你再也没有陪我打过羽毛球了……

　　今天，我的老妈也在场，我想问问她——

　　老妈！到底是学习重要，还是你儿子重要啊？

 【回应】━━━━━━━━━━━━━━━━ **妈妈**

　妈妈：儿子，妈妈想跟你说，妈妈在工作之后发现要不断地学习，因为每天都会有很多新的知识涌入工作之中，所以妈妈认为学习和工作都很重要。但是你问我工作、学习和儿子哪个更重要，妈妈可以跟你说——

儿子最重要！你最重要！

李朗逸： 谢谢妈妈！

妈妈： 妈妈总跟你说一句话你记得吗？"We are one team！"我们是一个团队。没有人可以掉队，是不是？因为妈妈觉得你最重要，所以我要跟你一起学习，我是在我儿子身上看到了一种学习的风采，所以妈妈才要这样去努力，明白吗？妈妈能感受到你对我有埋怨，但是你知道，每当妈妈工作累的时候，还有学习累的时候，都觉得我一定要坚持，因为你，就是因为你！儿子，妈妈也觉得对你有很多亏欠的地方，所以我会尽量去陪你，好吗？

李朗逸： 好！

妈妈： 妈妈也谢谢你！

【精选留言】

@ 童珊珊：妈妈的不懈追求更好地激励了儿子要好好进步。好的教育，其实就是家庭潜移默化的影响。当父母愿意追求进步，和孩子一起成长，这就是教育最动人的模样。

@ 米小圈：孩子这种好奇和求知的心理，促使我们这些父母不断地学习、求知，让我们在无形中得到了成长。很多父母也在陪伴孩子学习的过程中，懂得了求知的意义。学习是最好的投资，求知是永远的事业。每一个热爱学习、努力求知的孩子，都是父母的好榜样。

@ 爱你最初模样 123：想要成为视频中妈妈这样的人啊！保持温暖善良，踏实前进，切莫沉浮于世事，切莫改变初心，人群中你走出来就会不一样。

【陈铭观点】

这位妈妈很棒！说话干净利落，层次逻辑非常严谨，情理兼备，可以说是孩子的榜样。这样的教育才是最好的，以身作则，共同进步。妈妈在自己学习的同时，带动孩子一块儿学习，一块儿努力；还给孩子灌输了团队的概念，真是一举多得，可见学习真的会使人优秀，这也是一种榜样的树立、一种学习信念的传导。相信孩子也会成为一个努力学习、终身学习的人！

精彩片段回顾

妈妈，我做不到你这么有条理，你能不能不要再对我做这么细致的规划了！

厦门市音乐学校
初一（11）班　徐嘉唯

 【喊话】——————————————— 徐嘉唯

　　暑假里，我每天的安排都有一个表格，上面写着：几点到几点上什么课，几点到几点吃饭，几点到几点睡觉，几点到几点写作业，几点到几点可以玩游戏；饭前必须洗手，饭后必须漱口，在家不可以跷二郎腿，不可以抖腿；早上起来，第一件事情就是叠被子；刷完牙，需要喝一大杯温水……

　　我想对我的妈妈说——

　　你真的很有条理，但是我做不到你这么有条理！你不能用一个顶级大神的眼光来衡量我一个十级菜鸟！

　　所以，能不能不要再对我做这么细致的规划了！

 【回应】——————————————— 妈妈

　　妈妈：首先，生活上的一些细节，徐嘉唯只说了一部分，我还有更多的要求。早上起来刷完牙要先喝一杯温水来清肠，这是从为她健康着想的角度出发；比如说不能抖腿、不能跷二郎腿，这是作为一个女生最基本的素养；给她安排这样一个时间表，也是对她最基本的要求。徐嘉唯同学，有没有什么需要跟我再对抗的？

徐嘉唯：你现在已经三十几岁了，比我多活25年，我没有办法做到像你这样……我以后上了高中，可能自然会意识到这些条理的重要性。我现在不希望每一天都过得那么有条理，我觉得小孩子的生活应该是无拘无束的。

妈妈：正是因为我们比你们早出生，所以才会把我们所经历的提前告诉你们，你们可能觉得我们啰唆、唠叨。所有的父母都希望孩子少走弯路，妈妈平时说的一些话，不能说百分之百正确，但肯定百分之六七十是正确的。

徐嘉唯：不能说我妈是对的，我就一定是错的，其实都有道理。我们各退一步吧，请不要再那么严格地要求我了。

妈妈：孩子毕竟是孩子，你让她跟我们大人一样，做到面面俱到很难。但作为父母的责任，我们有必要告诉她，至于能不能做到这个程度，得看每个孩子的消化和吸收。

徐嘉唯：……

【精选留言】

@**武志红**：父母的初心是爱，却成了孩子生命里最深的伤害。他们时时刻刻监控并干预孩子的一举一动，就像直升机一样盘旋在孩子的上空。说是爱，实际上，却让孩子承受着无比巨大的压力。

@**墨花风花唐**：作为父母，总希望孩子不要再走自己曾走过的弯路。有句话说得好：人生该走的弯路，其实一米都少不了，可好在拐几个弯，还是到达了目的地。

@**米七**：父母是父母，孩子是孩子，父母对孩子的付出需要有边界感。

@**孟河Emon**：想对嘉唯说，尽力去适应吧，无法改变的就努力找寻其中的快乐。这可能很难，但无论如何，千万不要把妈妈当敌人。妈妈不是神，无法完全理解你的心思，这是她的局限，但不能因一个人的局限过多地苛责她。

【陈铭观点】

父母能给孩子制定一套详细的规划是自律的表现，但不考虑孩子是否能接受，把自律变成他律的时候，就变成无形中的压力了。若是嘉唯给自己制订了一张表，然后严格完成，这是高水平的体现。但如果妈妈逼着她按别人建立的表格完成，只会激发她青春期的逆反情绪。现在嘉唯可能看着比较开心，因为她的自我意识没有完全觉醒，一旦有一天她清醒地意识到"我"和外部世界、和妈妈之间的边界，她开始要自己的那一方土地，希望她能一直保有这样乐观的心态，最后养成自律的习惯，那将是很宝贵的财富。

精彩片段回顾

"我的妈妈是一个'问题妈妈'"

妈妈，我希望您以后可以少问我一些问题，多听听我的答案吧！

天津泰达枫叶国际学校
高二（5）班　文远真

【喊话】 ———————————————————— **文远真**

我的妈妈是一个"问题妈妈"。从小到现在，妈妈管我特别严！

每当我要出门时，她就会让我交代时间、地点、跟谁出去等。下班回家，妈妈进门的第一句话就是：今天学习了吗？学的啥？认不认真？我给你安排的家务做没做？洗没洗碗？扫没扫地？桌子摆没摆？

妈，我受不了了！我已经16岁了，不再是那个需要被您照顾的小男孩了！我知道怎么照顾好自己，安排好自己的时间。将来，我也会照顾好您跟我爸！

所以，我希望您以后可以少问我一些问题，多听听我的答案吧！

【回应】 ———————————————————— **妈妈**

妈妈： 刚才你说我管你非常严，或许我没有那么强烈地意识到，甚至我今天早晨是带着气来的。昨晚咱们都在生气，可能因为我多问了几句"你在干什么？你是在教室还是在外面？你学习了吗？"，然后咱俩就吵了起来。可能你觉得自己做好了，妈妈再说你多此一举。可有的时候，你说你记住了，转过身没五分钟你就忘了。所以，我才会不停地跟你说，不停地嘱咐你，你能理解吗？

文远真：能，我正在改自己的毛病。

妈妈：我也在反思自己，孩子在改变，难道我也要像你说的那样成为一个"问题妈妈"吗？

主持人：你是介意妈妈凡事都问，还是说不够信任你？

文远真：我最介意的是她不相信我。我可以安排自己的事，但她总觉得我这块没有做、那块没有做，总要督促我。

主持人：我特理解，有的时候本来我正在做题，如果妈妈说"你是不是在看电影"，既然我做题你也觉得我在看电影，那我不如就真看一下电影吧！

文远真：对，有的时候真的想对着干。

主持人：这是一种很典型的逆反表达。

妈妈：可能我问的时候质疑和责备的口气比较重，他急的时候，我的情绪也就压制不住了……

【精选留言】

@911打小怪兽： 孩子在青春期就开始摆脱对父母的依赖，准备成为独立的社会成员。这位妈妈总以为孩子需要她的督促才能实现这个过程，但其实是她不舍得放手，才让儿子与自己渐行渐远。

@百分幼儿宝典： 作为一名家长，每一个人都不想被孩子贴上"有问题"的标签，因此在生活中，比起介入孩子的生活，家长更多的应该是站在孩子的角度理解一下。只有家庭幸福，孩子的学习效率才会提高；孩子的学习成绩上升了，家长也会更轻松一些。

【陈铭观点】

当你们觉得彼此之间少了信任的时候，可能两个人都得往后退一步了。我在这里给文远真支个着，可以在妈妈下次给他发微信之前，主动给妈妈留言。如果此举显得很刻意，也可以与爸爸妈妈建一个群，随时在群里与家人做一个分享，比方说：我数学做完了，接下来做英语了……那个时候妈妈知道儿子正在做英语，就不会去打扰了。文远真若把这一步做在前面，和妈妈的沟通也会更加顺畅，彼此间也会更加情谊相通。

在与孩子的情感互通中，父母总是"情"大于"感"。父母之情，尚可理解，但由于"情"过浓，却忽略了"感"的分量，孩子反而无法感受到父母的爱。要明白，爱的宽度和深度并不是用父母的自我意志去界定的，我们需要去感受孩子的真实需求。

精彩片段回顾

妈妈，我特别想问问您：你们70后到底喜欢啥啊？

河北正定中学
高二（14）班　杨紫晴

【喊话】 ————————————————————————————— **杨紫晴**

　　小的时候，我学完杜甫的故事时，画了一幅"杜甫烤鸡图"，我妈觉得我对古人不够敬畏，于是训了我一顿。可我觉得，这也是我表达喜爱的一种方式！

　　初中的时候，我们背《白雪歌送武判官归京》这首诗时，我把它改成了rap，我妈不喜欢，可我觉得挺好的，因为这样背起来特别顺！

　　高中的时候，我是传统艺术社的社长，我特别喜欢穿一些由汉服改良的小襦裙！我妈却觉得我对待传统文化不太严肃。

　　妈妈，我就不明白了，我特别想问问您：您心中的传统文化到底是什么？你们70后到底喜欢啥啊？

【回应】 ————————————————————————————— **妈妈**

　妈妈： 你是代表传艺社问的吗？

杨紫晴：我是代表全体青少年！

妈妈： 那我就代表70后的家长回答吧。我认为传统文化，第一，它应该是经典的、不过时的。所谓经典就是哪怕我不认字，可是这首诗我会背，这就是经典。为什么不过时？它展示的是那个时代的东西，不掺杂其他时代的特征，所以说它是不过时的。我觉得你还是严肃中带一些活泼吧，把严肃放在第一位。第二，它应该是真实的。它不能被改编甚至被恶搞。"床前明月光，疑是地上霜"多好，你为什么非要把它变成"床前明月光，屋里亮堂堂"呢？

杨紫晴：我不光能"地上亮堂堂"，我还能"盘腿再喝汤，一边喝着汤，一边泪汪汪"！

妈妈： 宝宝，（你这样）将来考试得不了分！

【陈铭观点】

00后跟70后的一场抗争！一场关于传统文化要不要创新，要不要融合新时代特点的争辩。其实不同的年龄阶段对传统文化的诉求点可能有所不同。专业研究人士可能会把严肃的传统、原汁原味的传统放在首位，因为对他们来讲，要深研下去；但对青少年来讲，很多时候也许兴趣在首位，可能一两首rap节奏的歌曲，就唤起了她对整个古诗词的兴趣。只要当她主动推开这扇门（对古诗词的兴趣之门），才有机会走进去，感受到后面无限的风光。

我这里要提醒杨紫晴的是，有时候，你会有一些新奇的创作，没关系，你先将它记下来。但是你要记住一条，古人的原词也别忘了，你的"亮堂堂"写完了之后，"地上霜"不要忘了。作为传艺社社长，精研它是一个方向，普及它也是非常重要的方向。如果因为杨紫晴和传统艺术社，越来越多的人开始对传统文化感兴趣，那么我觉得这个社长功莫大焉。

精彩片段回顾

"妈妈，不要再逼迫我做家务了！"

上了初中以后，学校有一个科目叫作社会实践，要求我们每个月做完八小时的社会实践。而我的妈妈就以此为借口逼迫我做家务！

吉林大学附属中学力旺实验学校
初一（9）班　付轩昂

 【喊话】━━━━━━━━━━━━━━━━ 付轩昂

现在我写完作业，还得刷碗、擦地、择菜……以前这些活都是我妈妈一个人干的，现在她都一股脑推给了我！她还逼迫我学做饭，在她的逼迫之下，我学会了做焖饭、馇粥、拌凉菜……我只是一个十几岁的小孩子啊！

有时候我做完家务，接着晨跑，我整个人都是迷瞪的……学校布置的是社会实践，不是家务实践！所以说——妈妈！你不要再逼迫我做家务了，行吗？

 【回应】━━━━━━━━━━━━━━━━ 妈妈

妈妈： 不可以！

付轩昂：为什么？

妈妈： 因为家务是生活的一部分，你已经长大了，你必须承担。

付轩昂：不对！我还没成年，未满18岁呢！政治课我们都学了。

妈妈： 妈妈给你讲过，妈妈结婚的时候已经37岁了，我为什么要结婚？因为你爸爸在你姥姥家刷了三年碗，所以才娶到了这么优秀的我！

付轩昂： 我现在的主要任务不是学习吗？

妈妈： 做家务会促进你现在的学习，你会懂得这也是你生命的组成部分。为什么要做家务？它会锻炼你的动手能力，培养你的感恩之心，它会让你有耐心、有爱心，你必须学习，而且以后你还要做得更多！将来你的另一半，她也是千娇万宠的孩子，也是她爸爸妈妈的心肝宝贝，为什么她要跟你受委屈？为什么她要承担全部的家务？她也要工作、学习，还要带孩子。你现在做家务，将来才能承担更多的责任，这就是妈妈让你做家务的初衷和目的！

作为一个男孩子，我希望将来你的另一半能在大家面前说：我没有后悔嫁给付轩昂！所以，为了你将来的幸福，继续做家务吧！而且，妈妈对你还有一个要求，我已经跟你商量多次，你一直没有完成，希望今天你能答应妈妈，自己洗内裤、洗袜子！

付轩昂： 好。

【回访】

付轩昂：自从上了《少年说》之后，我一直坚持自己洗内裤。

导演组：这位妈妈的回答是所有人没想到的，付轩昂的改变也让所有人感到很开心。这个家庭诠释了家长以身作则是最好的教育。

【精选留言】

@ 林深时见鹿 Renascence：父母正确积极地对孩子进行人生引导，培养孩子成为一个勇于担当的健康人，是对孩子真正的爱。情绪健康，人格健全，人生也会更宽广。

@viola 咩酱：试着让孩子去承担部分家务，不限制他完成的方式，可能反而会激发孩子的创造力。也要让孩子知道，做家务不是家长的全部职责，也不是未来妻子的全部职责。

@那一年冬天一抹绿：儿子有点小情绪，是正常的青春期孩子，不是电影里的虚构男主角，更真实自然；妈妈说话中气十足，字正腔圆。面对儿子的质疑，微笑面对，坦然接受，解释得有理有据。很多家长面对孩子的不满会愤怒、反问和责难孩子，这种充满戾气的自我防护反而代表了心虚。除了说话的内容，我更感叹于妈妈的性格。

【陈铭观点】

这个妈妈很棒！从小做家务这件事，其实男孩、女孩都得学。没有谁应该推掉义务做家务这件事，从小学习做家务是为了未来人生的独立和自由。家务意在锻炼孩子的独立能力，有这个想法固然好，但适当就行，毕竟孩子目前应以学习为主，相信未来孩子会懂得父母的这番苦心。

精彩片段回顾

这个暑假，我把我的QQ空间上了锁，因为身边很多同学都把空间锁上了，不给爸爸妈妈看。

河北正定中学
高一（3）班 刘雨豪

【喊话】———————————— 刘雨豪

　　妈妈发现后非常生气。我解释说我的空间里只有平时积累的一些句子。可妈妈却对我说："你长大了，我管不了你了！"我感觉她非常不信任我，于是我就气急败坏地对她说："对，有东西，我就是不给你看！"妈妈当时非常震惊，她对我说："如果你真的觉得自己长大了，那就出去打工吧！"

　　空间不给爸爸妈妈看，我真的做错了吗？

【回应】———————————— 妈妈

妈妈：我希望你的空间不要上锁，那样我感觉你是不尊重我。我看你的空间，并不是想偷窥你的隐私，我只是想看看你现在有什么变化。你一直希望妈妈尊重你，可是你尊重妈妈了吗？

主持人：雨豪妈妈，您好！您看到他的空间有这个锁之后，你当时真实的心情是什么呢？

妈妈： 我感觉他对我不信任，他感觉我干涉他太多了吧。

主持人： 那您觉得，他有没有给自己的空间上锁的权利？

妈妈： 对，他可以锁，他只要回来和我多多沟通，让我了解他现在的状态。只要他的状态好，他的空间我一次都不会进。

主持人： 妈妈为什么希望通过空间多了解儿子，是因为雨豪并没有把生活当中的一切跟妈妈分享，对不对？就是说得少了，所以妈妈并不知道你在学校发生了什么，和朋友相处是否开心。雨豪有上锁的权利，我觉得也应该对妈妈有这个情意，就是分享自己生活当中的点滴给妈妈，让妈妈放心。

【精选留言】

@ **救救孩子吧：** 大多数家长认为孩子是自己的私有财产，可以任意处置。这种控制欲可能是一种本能，但与生俱来的控制欲并不是理所当然，也需要进行自我克制。

【陈铭观点】

信任不在于QQ空间的设限上，而是在于内心的设限上。在成长的过程当中，成熟的第一个标志就是有自己的私人空间和私人领域。一个人的生命不再是百分之百透明，其实某种意义上是件好事。所以，其实心理断奶是双方的事情，孩子要学会怎么独立，父母也要学会怎么放手让他独立。这么大的孩子，拥有隐私是一个正当的权利，这可能是双方都要学会去尊重的一个权利。

精彩片段回顾

"妈妈坚决反对我学文科"

妈妈，请你不要重理轻文，"理科学好走天下"的观念已经过时了！学文科也不是退而求其次的选择。

内蒙古师范大学附属中学
高一（20）班　张子涵

【喊话】————————————— 张子涵

半年后，我就要面临文理分科了，但在读文科还是读理科的事上，我与我的父母产生了一些分歧。我想读文科，因为我的文科成绩一直名列前茅，而且比理科更得心应手。但是，我的妈妈想让我读理科！他们觉得，读理科选择面广，将来好找工作、待遇好，甚至连对象都好找！

学文科也不是退而求其次的选择。

妈妈，今天，我想跟你做一个约定：等高一结束，如果我的文科成绩还是比理科成绩好的话，可不可以让我好好学文科？

【回应】————————————— 妈妈

妈妈： 不可以！妈妈坚持让你学理科。如果你高一结束的时候，理科的成绩比文科好呢？你还会坚持选择文科吗？

张子涵：我还是想读文科。

妈妈： 妈妈坚决反对！

主持人：子涵妈妈，您之前学的是文科还是理科？

妈妈： 我学的是文科，我当时是理科不够好，没办法，就选择了文科。

主持人：是无奈的选择，所以您心里当时是喜欢理科的，对不对？

妈妈： 对。

主持人：所以您也知道，如果喜欢一门学科，对于孩子是多么重要，对吧？就像您当年特别喜欢理科，所以没有读理科到现在你都觉得很遗憾，对不对？

妈妈： 没错。

主持人：子涵，你现在那么喜欢文科，如果没有选上，会不会也遗憾很久？

张子涵：会。

主持人：嗯，文科里最喜欢哪一门？

张子涵：最喜欢政治。

主持人：有没有想过将来从事哪个行业？

张子涵：这个暂时还没有想过。

主持人：你可以先琢磨一下这个问题，先把未来的路径，不仅仅只规划到文理分科这个阶段，你可以再往后延伸一点——想学的专业，甚至就业的方向，我觉得这个比较现实。比如说，你喜欢政治，大学想进哪所学校，青年政治学院或者北京大学，学习什么专业；将来毕业之后，更想做哪方面的工作……这条路径清晰了之后，你妈妈就可以看到成功率没有那么低，这样比你泛泛地说我要学文科、文科将来可以找到工作，更能够说服她。如果是这样的方式，子涵妈妈会不会觉得可以接受一些？

妈妈： 可以。

【精选留言】

@ 沛沛大王的音乐洞府：未来是自己的，要尊重孩子的选择。说什么理科更好找工作，这个东西在于人自身，而不是文理科之分。

@ 午后左岸：我妈在旁边说：如果当初我们没有干涉你选择文理科，你应该就能考一所好大学，过上不一样的人生，我瞬间泪崩。人生没有后悔药，也不能重头来过，过好当下每一天，谁又能说未来的日子不精彩呢？

【陈铭观点】

父母并非不支持我们的计划，恰恰是因为他们看不到或者说看出了问题，这个时候沟通就很重要了。我们若对自己没有一个长远的规划，他们会焦虑、会恐慌，会急于用自己的计划来说服我们。所以，与张子涵有着同样烦恼的孩子，你要拿出一个成功率更高的计划，让父母看到我们如何一步一步地去实现（我们的计划）。如此，父母便可放手，让我们做出自己的选择。同时，文理科并没有高低之分，文科也不是理科退而求其次的选择，尊重孩子的选择，根据孩子的优劣势来判断，孩子反而更愿意学，学得更好，也会在自己的选择中做出自己的人生规划，父母何乐而不为呢？

精彩片段回顾

现在的家长,都喜欢让孩子从小多学点才艺,说要全面发展,我爸妈也不例外。学了就算了,他们还喜欢让我当众表演!

广州大学附属中学
初一(19)班 张炜姗

 【喊话】 ———————————————— **张炜姗**

有一次,我爸带我去参加朋友的聚会,在聚会上他坚持让我当众唱一首歌!我鼓起勇气上去唱了一首,他却开始"嫌弃"我,说我唱歌跑调、五音不全,还"吐槽"我没有遗传他的良好基因!

老爸!你一直说你唱歌很好听,今天我也请来了我的朋友们。你现场给大家唱一首(歌)!大家说,好不好? (现场欢呼声)

 【回应】 ———————————————— **爸爸**

爸爸: 没有伴奏唱不出来。

张炜姗: 自己给自己打节奏!

爸爸: 这么多人,就不要唱了。

主持人: 炜姗爸爸,您好!今天她能够鼓起勇气站在(勇气)台上,我们想问一下您，作为父亲，有没有感到很骄傲？

爸爸：那必须的！

张炜姗：爸，你不是说你最爱我吗？你今天为我唱一首，好不好？

爸爸：……

主持人：（您）感受到那种被支配的恐惧了吗？

爸爸：（沉思片刻）好，我唱一首《追风少年》。（唱）"肩上扛着风，脚下踩着土，心中一句话，不认输，我用火热一颗心，写青春，不管这世界有多冷，就让豪雨打在我背上，就算寂寞比夜还要长，谁能了解我，谁会在乎我，少年的梦……"

主持人：很好！炜姗爸爸唱得很棒！今天炜姗爸爸表现得非常好！勇气台名不虚传，希望台上台下勇气都多一点！谢谢！

【精选留言】

@ **荒岛寻己**：当我们强迫孩子学某个特长，或者强迫孩子表演时，我们根本考虑不到孩子是被支配，是不乐意的。我们想到的都是自己的人生理想，或者自己的面子。有人说："孩子的成长过程就是一场权力的竞争。父母按照自己的想法规划，孩子按照自己的想法长大。"亲子之间产生了一场又一场支配与被支配的争斗，这场没有硝烟的战争，最终会导致两败俱伤。少一些控制欲，孩子的幸福感就能多一些。

@ **曦**：孩子的要求很简单，只是希望父母做决定之前能够听取一下他们的意见，能够尊重一下他们。

@ **这很辣妈**：愿我们都能放低姿态，多蹲下来耐心和孩子交流，多听听孩子内心的声音，少一分支配和控制。

【陈铭观点】

其实女儿的面子已经不重要了，爸爸也迈过了自己心中那道坎。这对父女都各自勇敢地向前迈出了一步。让孩子当众表演可以说在中国家庭聚会的饭桌上是必不可少的。因为中国人好面子，也爱孩子，把孩子当作自己成功教育的典范，为的还是自己的脸面。孩子想要的到底是什么？尊重——基于平等人格的尊重。说起来特容易，但真行动起来，要对抗数千年的家庭传统习惯，要对抗内心虚妄的面子，还要对抗基于经验主义的偏见与傲慢，难于上青天。需要的绝不仅仅是态度，更需要落到实处的能力。面对公众的换位尝试是特别好的第一步，但真的只是第一步。路漫漫其修远兮，愿终能直挂云帆济沧海。

精彩片段回顾

"妈妈，我想和你谈谈"

妈妈，我也想和其他同学一样，可以和妈妈像朋友一样心平气和地坐下来谈谈心，可以吗？

湖南省常德市第一中学
高二（472）班　梅思颖

 【喊话】————————————— 梅思颖

　　我的妈妈是个脾气不太好的人，她联想力特别丰富！比如，我衣服没叠好，她就会从我衣服没叠好延伸到学习也不会好、这个样子肯定考不上大学、只能去打工，再延伸到批评爸爸不好好管我学习，让无辜的爸爸挨一顿骂，然后妹妹就会在旁边哭……因为我没叠好一件衣服，就演变成了一件牵扯一大家子的家庭事件！

　　妈，有几次我们吵着吵着，您一气之下还打算离家出走。吵多了我就很害怕和您沟通……

　　我是一个体育生，上个月我因为参加市田径比赛和足球比赛，耽误了一个多星期的学习，这两个比赛我都拿了第三，尤其是标枪的第三，特别不容易！因为这是我拼尽全力，甚至超常发挥所得到的，我拿着奖牌回到家，希望得到您的表扬和鼓励，可是您却说："为什么没有拿到第一？还影响了学习，你这是不务正业！"我不想和您继续争吵，就打电话向爸爸求助，爸爸安慰我说：

"妈妈工作很辛苦，你要让着妈妈、体谅妈妈。"

我理解您工作辛苦，可是我不理解，妈妈，我还是个孩子，为什么您不能让着我？妈妈，我也想和其他同学一样，可以和妈妈像朋友一样心平气和地坐下来谈谈心，可以吗？

 【回应】————————————————————**妈妈**

妈妈：可以！女儿，我知道你的辛苦，但是妈妈也没办法，我要让你变得更坚强，我只有多说说你，你才会更努力。你上次去比赛，我知道你的辛苦，但我不能表达出来。我怕你骄傲，因为你从小到大，都属于那种比较骄傲的人。

主持人：思颖妈妈，您好！刚才有一句话我们在后面听到了，您说不太敢说赞扬的话，怕她骄傲，对不对？所以您基本上都没有怎么表扬过思颖。

妈妈： 因为在她初二的时候，好像是考试，那次考得比较理想，我表扬了她。但是，她中考没考好，所以我就再没有表扬过她了。

主持人： 您初二表扬了她一次，整个初三也都没提这事，她中考没考好，您怎么知道就是那一次表扬的锅、不是您初三没有继续表扬的锅呢？那您初三如果坚持表扬下去，没准她中考就考好了呢？

妈妈： 她就是太容易骄傲，否则，我也会多给予表扬！

【精选留言】

@ **多博儿：** 小时候，孩子学说话学走路时，家长都会鼓励，可是孩子越大越不会鼓励，家长应该和孩子一起成长才对。

@ **家人：** 发现孩子做得好的地方，就不要吝啬自己的表扬！

【陈铭观点】

严格意义上来讲，不是因为妈妈表扬了孩子，使她容易骄傲，恰恰是因为妈妈平时对孩子的细节、优点发现得太少，所以她总是希望，哪怕一个小细节，都在妈妈面前去嘚瑟一下，希望获得妈妈的认可，显得好像有点骄傲的样子。因此，妈妈没有必要压抑自己的情绪，有了表扬之后，这位妈妈的批评才有力度，否则所有的批评都一以贯之，全是批评，那批评本身也没有痕迹了，也不深了。比如说，思颖努力取得了标枪第三名的成绩，她开心地回去报喜："妈妈！我第三名！"妈妈的第一反应却是："那为什么不是第一？还耽误了学习？"这样思颖既会对学习产生恐惧，对标枪可能也会失去热情。及时表扬孩子取得的成绩，即便是要提一些意见，也先肯定她身上真实存在的优点，这样一个良好的氛围就达成了，再来讲问题，大家也更好接受。

精彩片段回顾

"爸，你是不是嫉妒我？"

今天我就想问一下我的爸爸，你是不是嫉妒我？

无锡外国语学校
初三（12）班 郭士琨

 【喊话】 ——————————————————— 郭士琨

问一下在场的同学，你们的脑海里是不是有时候会蹦出一两个想法或者创意？虽然它没有经济性、没有实际性，但它有创意，对不对？所以，你们的父母都会鼓励你们，给予你们支持。但是，我的爸爸不一样！

今天我要跟大家讲一下我的爸爸。

有一次，我发明了一个净水器，我兴致勃勃地展示给爸爸看，他说："你的净水器肯定不如别人的净水器，你净出来的水能喝吗？"当时我就怒了，我说："我的净水器，净马桶水都能喝！"然后他居然告诉我："你接！你喝！"

虽然我对我的净水器有绝对的信心，但我还是没有喝……这件事情让我很伤心，因为信任爸爸，我才会把我的发明展示给他看，但是他却打击我……

【回应】————————————————————————————————— 爸爸

爸爸： 对！我就是嫉妒你！我嫉妒你年轻、有朝气、有活力，还有那么多的奇思妙想，最主要的是我嫉妒你长得比你爸还帅！

郭士琨： 即使这些都是事实，你也不应该打击我！毕竟这是你儿子的创意、你儿子的发明，你是不是应该给予一些鼓励或者支持？

爸爸： 我觉得你说的是对的。对于你的这些奇思妙想，我是支持的。但是，我也想告诉你，这些奇思妙想都是以科学文化知识作为支撑和基础的，所以说你现在要做好知识储备，将来才能把你这些奇思妙想变成有用的东西。我非常希望你能保持住你的好奇心和探索未知领域的精

神，如果以后你有这方面的需求，你跟我讲，我也可以帮助你，完成你的梦想！

郭士琨：考上了大学以后，我还想搞这些小发明、小创意，你会支持我吗？

爸爸：我肯定支持！如果有一天听到我们中国有一项伟大的发明诞生了，而这个发明人是中国的郭士琨，那我太骄傲了！我们大家都会为你骄傲，你有这个信心吗？

郭士琨：我有！

爸爸：我们一起努力！

【精选留言】

@ 荒岛寻己：当孩子具备独特的科学创意和想法时，家长应给予肯定和鼓励，而不该打压他们的自信心。不要小看这些创作，或许他们就是下一个爱因斯坦。

【陈铭观点】

"不表扬你，真的还是怕你翘尾巴，怕你骄傲！"这句话在整个少年说的录制中可能听到了至少 100 遍。真的是如此吗？每次与父母深聊之后，事实证明，这并不是父母不表扬的真实初衷，而只是自己没有表扬习惯时自我说服的借口。士琨的爸爸其实已经算是非常活跃、非常幽默的类型了，可依然在积极表扬孩子这件事情上张不开嘴。交流的最后，父亲打开了表扬之门，对士琨的创造性和探索性给予了充分而客观的肯定。父母老师在问，该怎么表扬孩子？"客观而充分。"把握住这两个词，事半功倍。

精彩片段回顾

"妈妈，你能夸夸我吗？"

妈妈，你从来都没有夸过我，你今天能夸夸我吗？

张家口东方中学
高一（5）班　温清茹

【喊话】 ——————————————— 温清茹

今天我要对我的妈妈说——

妈，你总是拿我和我表姐做比较，你总是说她很优秀，这也好，那也好……对！她确实很优秀，去北京大学参加作文比赛，还拿了第2名。

表姐每晚不敢独自去厕所，但我敢！她不愿帮姑姑洗碗，但我愿意！你为什么就不能夸夸我呢？我知道她学习成绩好，我一直在向她学习，我每天起早贪黑像她一样努力着……

妈，成绩并不代表一切，我也有自己优秀的地方。人生没有对错，成功永远属于奋斗者！

【回应】 ——————————————— 妈妈

妈妈： 妈妈心里认为这是一种鼓励，想激发你更好地学习，所以每次妈妈都

　　　拿你和你的表姐做比较，是妈妈的不对，对你施加了很大的压力。妈
　　妈在这里向你赔不是，妈妈以后会注意自己的言行。

温清茹：妈妈，我有什么优点，你能说说吗？

　妈妈：你是一个活泼、可爱、勇敢又刻苦学习的孩子，而且你很坚强。

温清茹：我还有什么优点，你可以再说两点吗？

　妈妈：……

主持人：这样，您就说一下最近发生在她身上的一件事，让您觉得"我的女儿
　　　真的跟别人不一样，特别优秀"。

　妈妈：孩子第一次出门离家来到东方学校，没有流过一滴泪，军训这些天，
　　　孩子一直没有给我打过电话，我发自内心地为她感到骄傲，就是直接
　　　表达不出来，我有点对不起孩子……

主持人：其实也不怪妈妈，这是一种沟通习惯。她发现你优秀的瞬间，她就习惯
　　　性地深埋心底；她发现你身上有小缺点的时候，她就习惯性地顺嘴说出
　　　来。所以，现在让她把很多深埋心底的话都表达出来，需要一个过程。

【精选留言】

@**我来自常寂光**：孩子，当父母没有选择鼓励我们的时候，我们需要自己鼓励自己。因为中国人这种固有的情感表达，还有与生俱来的教育方式，塑造了大部分不善言谈的父母。现在我们长大了，可以和父母沟通这件事情了，但是，也不要期望父母能有多大改变。待以后结婚生子，我们则要以全新的方式来教育和鼓励我们的孩子。

@**Athenalssocooo**："我永远都没有别人好"成为定论，之后，就算爸妈夸我，我已不会再相信了。家长啊，你永远不知道在拿自家孩子与别人做对比的过程中，已经失去了一个原本可以多么自信的孩子啊！

【陈铭观点】

中国式父母普遍持有这样的教育认知——羞于夸奖，只会批评。这样只会激起孩子更多的逆反心理，适得其反。其实都要讲，优点要亮明，缺点也要指出，多好！再者，成绩不代表一切，有的孩子可能成绩不行，但在别的方面有着很优秀的品质，这也是作为家长的我们应该关注到、应该庆幸看到的。鼓励和赞赏是给予孩子信心和指引的最佳方式，可以让孩子在成长的道路上大步流星，所以，请别吝啬咱们适时的夸赞。

精彩片段回顾

妈妈，可不可以少报点兴趣班，让我多休息一会儿？

长沙碧桂园威尼斯中英文学校

三年级（6）班　周子皓

【喊话】 ——————————— 周子皓

今天，我想问妈妈几个问题——

为什么我休息的时候，要上那么多补习班？我有12个补习班，写字班、奥数班……还有一些我连名字都记不住！

【回应】 ——————————— 妈妈

妈妈：仔仔，妈妈给你报的这些兴趣班，都是你和你的好朋友一起去上课的，我想通过这种方式让你有更多的快乐。

周子皓：我知道了，那可不可以少报点兴趣班，让我多休息一会儿？

妈妈：只要你快乐，都可以！其实你能够站上（勇气）台对我说话，我已经很感动了！皓仔，你是爸爸妈妈的骄傲！不管是生活中还是学习中，妈妈都希望你永远是快乐的，做快乐的自己，不和别人比，只和自己比。你是最棒的！

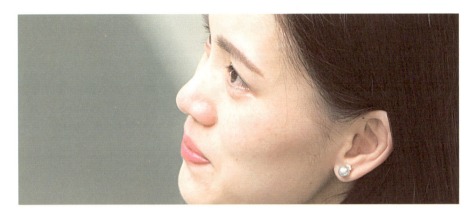

【精选留言】

@小伴龙：其实妈妈给他报补习班的初衷并不是逼着他去学很多东西，而是希望通过这种方式让孩子克服胆怯心理。当男孩鼓起勇气说出心里话，妈妈的脸上顿时露出了灿烂的笑容，那一刻妈妈是幸福的。这个幸福来源于看见孩子成功地迈出成长的第一步。

@凯叔讲故事：这个世界上没有不爱孩子的父母。为人父母，我们唯恐给孩子的不够多、不够好，总是想倾尽所能地满足孩子，哪怕只是求个心安，也不想留下任何遗憾。

【陈铭观点】

我发现，补习班、兴趣班真的是现在亲子矛盾的一大主题，但这次不太一样！我很意外子皓妈妈没有说出想让孩子赢在起跑线上，或者和别人家的孩子攀比等理由，而是希望子皓克服胆怯心理，认为孩子的快乐才是最重要的。我真的很高兴，因为我听到太多"不要你觉得、只要我觉得"这类父母将他们的意愿强加在孩子身上的话语了。子皓已经比以前更加勇敢了，正如妈妈所说，快乐地做自己吧，不和别人比，只问自己的心！

精彩片段回顾

"我这辈子，再也不想吃苹果和鸡蛋了！"

有些话，在我心里已经憋很久了——妈！
我这辈子，再也不想吃苹果和鸡蛋了！

长沙明德华兴中学
初二（8）班　罗俊杰

【喊话】 ——————————————————— 罗俊杰

　　小学的时候，你每天要求我吃一个苹果，我吃了六年的苹果！总共，365乘以6等于2190个苹果！后来，我小学毕业了，终于不用再吃苹果了。可是，我开始吃鸡蛋了！我吃了一年半的鸡蛋，总共547.5个！

　　妈，虽然苹果和鸡蛋都很有营养，但是，我这辈子——再也不想吃苹果和鸡蛋了！

【回应】 ——————————————————— 妈妈

　　妈妈：罗俊杰，你看你长得这么帅，就是因为妈妈要你多吃苹果和鸡蛋！你看多帅，是不是？

　　罗俊杰：我是"天生丽质"！

　　妈妈：好！长大了不吃就不吃，看你以后变丑了咋办。

【精选留言】

@年糕妈妈： 现在咱们的生活条件变好了，可对营养的认识却没跟上。依然有很多家长认为苹果和鸡蛋特别有营养，非吃不可。但是，现在有那么多好吃的水果等着我们，各种鸡鸭鱼肉也完全不缺。鸡蛋、苹果有各种可以替代的选择，干吗还执着于这两样呢？

@糕妈&芋头： 给妈妈们的第一条慎重提醒：如果你天天给娃吃一个苹果，医生并不会远离你，可能你娃会嫌弃你。给妈妈们的第二条慎重提醒：每天被要求吃鸡蛋的孩子，心理阴影面积真的很大。要知道，各种食物都吃一点，食物多样才能做到平衡膳食、饮食均衡。迷信某一种食材，逼着孩子反复吃，最后造成孩子对某种食物的抗拒，真的是得不偿失。

@毒sir： 苹果和鸡蛋有错吗？没错，都是好吃、有营养的东西。那孩子有错吗？也没错。错的是一种把人逼到对原本很好的东西（比如苹果、鸡蛋、读书……）产生心理阴影的教育。但是在亲子关系不平等的社会语境中，孩子永远多说多错，家长永远有家长的道理。

【陈铭观点】

某种意义上说，家长也挺不容易的，营养学、心理学、传播学、教育学……不都精通哪敢生孩子？但另一方面，这就是为什么父母是这世界上最伟大的职业。因为你将直接影响到孩子的一生。鸡蛋和苹果以这样的密度吃这么多年是不是符合营养学的要求暂且不论，孩子内心的阴影与伤害需要多久来弥补才是大问题。毫无饮食自主权背后可能只是广泛的自由缺失在吃喝领域的表象而已。家长什么时候才能真正明白自由，才是自立、自主、自强和独立人格养成的第一步？

精彩片段回顾

妈妈! 你以后能不能不要再对爸爸撒娇了? 因为我觉得这非常的幼稚!

长沙碧桂园威尼斯中英文学校
二年级 (6) 班　刘栩溪

【喊话】 ——————————————— 刘栩溪

今天我想对我妈妈说一句话——妈妈! 你以后能不能不要再对爸爸撒娇了? 因为我觉得这非常的幼稚!

什么削水果、拿衣服、洗碗做菜,你都可以自己做,为什么一定要爸爸去做呢? 还有,为什么我对你撒娇不管用?

【回应】 ——————————————— 爸爸

主持人: 栩溪,平时妈妈在家怎么给爸爸撒娇呀?

刘栩溪: 猪头,去给我拔罐! 猪头,快去给我削水果! 猪头,赶紧去给我做菜……妈妈,其实,你不撒娇也是很可爱的!

爸爸: 宝贝,这就是生活,知道吧? 你还小。

【精选留言】

@青衫沐风：每个人都是小孩子，大人是过期了的小孩，如果有一个爱你、可以完全依靠的人，谁不想只做个无忧无虑的孩子呢？

@二哄哄：都说孩子就是婚姻的照妖镜，爸妈的感情如何，全都体现在他们身上。看这个女孩就知道，她的爸爸一定很宠爱妈妈，要知道一个愿意替妻子分担家务的男人，才是好男人！

【陈铭观点】

其实我们只有在最信任、最爱的人面前，才敢于展示最幼稚的那一面。每个人心中都有一个孩子，但是妈妈只有在爸爸面前，才能让那个孩子跑出来，这就是幸福家庭的样子！撒娇不是小女孩的专利，再说妈妈在爸爸心中肯定也是一个需要呵护关爱的小女孩。妈妈撒娇，爸爸宠爱，其乐融融，多幸福呀！为什么自己撒娇不管用呢？因为爸爸妈妈除了对你的宠爱，还有对你的教导责任，所以才会严格约束你呀！

精彩片段回顾

第 二 节 爱 你 就 像 爱 生 命

" 我 的 妈 妈 是 一 名 外 卖 配 送 员 "

我希望大家都能给像我妈妈一样的人多一些善意，因为当你打开门的那一瞬间，看见的也有可能是我爸爸捧在手里的小公主！

无锡外国语学校
初一（12）班　李仁志

【喊话】————————————————————————————————李仁志

　　我的妈妈是一名外卖配送员，每天在城市的大街小巷里穿梭，起早贪黑、风吹日晒都没能阻止她的步伐。尽管如此，还是有很多人不尊重这份职业，有时还会莫名给差评，甚至无理取闹！

　　有一次，我妈妈送一份外卖，在最后两分钟送达了，虽说有一些晚，可也是在规定时间内送达的。客人非常不满意，抓着我的妈妈就让她赔钱，幸好有路人及时解围，这件事才得以平息。

　　我知道这件事之后，十分伤心，因为我的妈妈辛辛苦苦地工作，却得不到他人的尊重。从那之后，每当我看到路上的环卫工人、爷爷奶奶，我都会给他们一个微笑！因为我想他们也会像我一样，对我的妈妈微笑！

我希望大家都能给像我妈妈一样的人多一些善意，因为当你打开门的那一瞬间，看见的也有可能是我爸爸捧在手里的小公主！

【回应】━━━━━━━━━━━━━━━━━━━━━━━━ 妈妈

> 妈妈：儿子，谢谢你的理解，也谢谢你那么体贴妈妈，妈妈觉得很欣慰……其实你看到的只是个别情况，还是有很多好的方面。比如说下雨天，有的客人会说"你们路上注意安全"；或者（送餐）时间到了，他们会说"你们先点送达就可以了"。你的这些话令我非常感动，我没有想到，在你的内心里，你并没有嫌弃妈妈这份工作……
>
> 李仁志：我觉得你这份职业是很让人尊敬的！你在这个社会起着非常重大的作用。很多人都会需要一些人来扮演这个角色，来为他们服务，而那个为别人服务的人是你，我觉得你很伟大！
>
> 主持人：我们要一起给仁志妈妈竖一个大拇指，你是一个好妈妈，是一个好的配送员，是我们努力的榜样、尊敬的对象。谢谢仁志妈妈！

【精选留言】

@**人民日报**：镜头里的妈妈，内心似乎亮起了一道光。镜头外的我们，看到了一个暖心的世界。每个职业都是社会不可或缺的，没有高低之分，认真与敬业才值得尊重。不论城市、农村，每一位劳动者都在为社会贡献着自己的力量。让我们为这位懂事的孩子和他伟大的妈妈，以及所有的劳动者点赞！

@**冰柠七七**：善良的人眼里的世界都是善良的。在社会这个大家庭里，没有高低贵贱之分，尊重每一个值得被尊重的人。少年的三观非常正，希望以后能健康成长，永葆初心。

@**funtripwithMatt**：培养出这种孩子的母亲是伟大的。一个人的教育程度、家庭背景、财富资源，可以让女人站在职场的金字塔尖，却未必能够换来孩子对母亲全心的理解、崇拜和支持。有些辉煌，大浪淘沙，浪平沙散；有些普通，如铭心刻石，时光流逝却依然温暖在人间。

【陈铭观点】

仁志在上面提到这个职业的时候，他是坚定的、大方的，相比之下，仁志妈妈的眼神反而更闪烁一些。从仁志的喊话中，我看到了仁志妈妈对待工作的一个态度：她是怎么样尽可能地让所有人满意。这是我尊敬她的地方！我希望所有同学心中都要有一个最基本的认知：我们以后在这个社会上，到底应该给予什么样的人尊重，不是因为他在做什么，而是因为他做成了什么模样，职业从来没有高低贵贱之分。

精彩片段回顾

我自认为我是一个特别幸运的女孩，因为我有一个很特别的爸爸。不仅是因为我爸特别地爱我，更是因为他今年已经72岁了。

广州大学附属中学
高一（10）班　余悦

 【喊话】————————————————— **余悦**

　　我爸在别人当爷爷的年龄，却要当我的爸爸，要为我这个15岁的女孩来回奔波，操碎了心。我爸对自己总是很敷衍，一年四季也没买过什么好衣服，总把最好的留给我们。爸爸对自己特别不上心，经常会忘记吃饭，哪怕生病了也会找借口不去医院看病，但是爸爸对我的爱却毫不吝啬。

　　我的生日是6月22日，每个月22日，爸爸都会给我写一封长长的信，现在已经足足写了15年6个月！他很体谅我，害怕我会因为有一个年纪比较大的爸爸而被同学嘲笑，所以他每个月都会去染头发。

　　爸爸，我想对您说——

　　我从来没有因为您的年龄而感到自卑！相反，拥有您这样的爸爸，是我这辈子最大的福气！

　　您已经72岁了，我不知道您还能陪伴我多久。我想请求您，好好照顾自己！我会努力学习，实现您的期望。我也希望您给我多一些时间，让我陪您慢

慢变老！老爸，您最大的心愿就是能来参加我的婚礼，我们俩在这里约定好
了，那个时候您一定要来！

老爸，请您不要总把最好的留给我和妈妈。我长大了，我也想有机会、有
时间来爱您，好吗？

【回应】————————————————————————爸爸

爸爸：好！谢谢宝宝那么理解爸爸，你给了我最高的荣誉，爸爸就要争取做世
上最好的爸爸！请你放心，爸爸一定好好照顾自己，陪你完成高中学
业，陪你上大学，陪你走进工作岗位，你结婚时，爸爸会牵着你的手！

余悦：爸爸，那我们约定好了！我爱您，爸爸！

爸爸：我也爱你！

【精选留言】

@会普通话的丸子酱：真的是戳泪点，也戳中了心中最软弱的地方。陪伴是最长情的告白，你的父母让你有资格活在当下并且陪伴你已足够幸运，知足常乐，好好爱同样活在当下的父母吧！

@饭圈追星小透明：无论生活多么艰难，每当想起爸爸妈妈已经老了，就觉得比起爸爸妈妈的年龄，其他的烦恼都不值一提。

【陈铭观点】

一切小众的存在，似乎都要承受着某种无形的压力。说实话，高一的女儿，72岁的爸爸，平时可能要承受着同学之间某种微妙的眼光，而走上勇气台，大声地叫出这份年长的热爱，反而更让人为这份勇气动容！亲情，是伴随我们一生的存在。希望爸爸照顾好自己，能够健健康康地陪伴女儿走向工作岗位，走向婚姻，走向人生中每一个重要的时刻，也希望这个社会，早日成为这样一个社会——无论我们身处怎样的家庭境遇，平凡或富有，都能感受到周遭平等的尊重与善意的微笑。

精彩片段回顾

今天，我想把这封信念给我还未出生的弟弟或妹妹，他(她)今天已经来到了现场！希望他(她)能听见我的声音。

华师一附中
高二（3）班　张宇潇

【喊话】—————————————————————张宇潇

　　再过四个月，你就要第一次睁开眼睛，看到这个世界上最好的爸妈，你要乖乖地听他们的话。不久后，你会看到我，你可能会感到奇怪，为什么这个人一直盯着自己看啊，其实我是想好好看看你的样子。

　　这个世界上你会遇见各种各样的人，有爱你的人、不爱你的人，他们都是值得你尊重的人。

　　等你学会了走路，学会了说话，你会发现，原来自己走路就叫旅行，自己说话就叫表达。然后你会被送到一个"奇怪"的地方，叫作学校。这意味着你第一次离家，你永远不会忘记父母第一次走远时的背影和你偷偷转过身去抹眼泪的表情。

　　在学校，你将花16年的时间去适应这个地方，直到你彻底爱上它。在这16年的时间里，你会变得更有主见、有自己的秘密、有喜厌，你会觉得父母变得很啰唆，亲戚也不想见。你会发现这个世界上原来也有阴暗面，但是不用惊慌，那是你在成长。

我希望你可以把快乐当作人生的终极目标，我和爸妈会一直陪在你的身边，竭尽所能地保护你、帮助你、呵护你！

感谢你选择来到我们家，欢迎你来到这个美丽而又奇妙的世界！

爱你的哥哥。

 【回应】————————————————————**妈妈**

妈妈：弟弟或者妹妹在这里听到了你的话，你知道我最想做的事情是什么吗？

张宇潇：什么？

妈妈：这里的"我"不是指妈妈，而是指妈妈肚子里的小雨点。小雨点在这里想说，"我"不想再等四个月了，现在"我"想冲出妈妈的肚子，狠狠地抱你一下！

张宇潇：我也是这么想的！

妈妈：“我”担心（从妈妈肚子里）出来之后，不能成为妈妈的贴心小棉袄，反而成了一个小捣蛋，那个时候你会怎么对待“我”呢？

张宇潇：我可以治你。

妈妈：你会怎么治“我”呢？

张宇潇：我会打你的屁股！

妈妈：“我”还有一点点担忧，爸爸妈妈在之前将所有的爱和呵护都给了你，那么四个月后我可能会把爸爸妈妈的爱从你身边夺走一部分。

张宇潇：我觉得并不会，你的存在是对于我的责任的一种分担。

妈妈：这样的话，小雨点就放心了。“我”在这里最后说一声，哥哥，等着“我”，四个月之后，“我”来狠狠地抱抱你！

【精选留言】

　　@胡乱唱歌的泓小宝：宝宝一定是拯救了银河系，来到了这么温暖的家庭，选择了这么优秀的一个哥哥，真幸福！

【陈铭观点】

　　这是一封跨越时空的信。也许宇潇之前从未思考过旅行的意义，但当他在准备寄送这封信时，他有了一个结论；也许宇潇之前从未思考过学校的作用，但当他准备寄送这封信时，他思考出了一个答案；也许宇潇之前从未思考过人生的本质，但当他准备寄送这封信时，他已经踏上了寻找这个答案的旅程。我们习惯在他者的镜像里建构自我，我们更习惯在对他者的反思里认清自我。这是一次非常奇妙的成长互动，四个月之后才来到这个世界的这个生命，已经给他/她的哥哥带来了如此巨大的影响。也许这便是，爱的力量吧！

精彩片段回顾

爸爸妈妈，对不起！这一路上，辛苦你们了！

天津泰达枫叶国际学校

初一（7）班　薛晓天

 【喊话】━━━━━━━━━━━━━━━ **薛晓天**

　　我现在初一，休学复读了一年。在我休学期间，我要感谢我的爸爸妈妈，因为没有他们，就没有现在的我。

　　在我生病的时候，是爸爸妈妈拉了我一把，要不是他们，可能到现在我都没有勇气站在这里。在我发病的时候，我对你们动手，我六亲不认……我很害怕那个时候没有了你们，但是我又想要离开你们。我当时处在一个矛盾的状态中，不知道怎么办。

　　我当时拍着父亲的脸说："你赶紧让我解脱吧，真的，我不想再活在这个世界上了。"当时妈妈哭着拉着我的手说："孩子，咱娘俩不是说要一起好好活着吗？"

　　感谢你们！对不起，这一路上，辛苦你们了！

【回应】━━━━━━━━━━━━━━━━━━━━━━━━━━━ 爸爸

爸爸： 孩子，你说的我都听到了。你得抑郁症的时候，我带你去回龙观，医生说你会好起来，爸爸也告诉自己，有一天你一定会好起来。可是，当时爸爸不知道，那一天是哪一天啊？孩子，爸爸很开心，今天你能站在这里，有勇气面对这段灰色的记忆。人生的道路不可能总是平坦，在逆境中要懂得坚持。爸爸希望你不要跟别人比，做自己喜欢的事、做对这个社会有用的人，活出自己的精彩人生。

薛晓天： 爸爸，我知道迟早有一天你和妈妈会离开我，到时候这世上只剩我一个人。

爸爸： 你还有他们呢——朋友啊！

薛晓天： 感谢一路上有你们！

【精选留言】

@红时雨：相对来说，细腻的人确实更容易患上心理疾病，但是我们也不愿意患病，每个人都是独一无二的，有强项也有弱点。得病了不怕，勇敢面对真实的自己，悦纳自己，接受自己的性格特质，这样我们才会越来越好。

@海盗船长：绝大部分人错误的观点——抑郁症是一种心理压力或者是思想问题。实际上抑郁症是一种病，和癌症、流感、艾滋一样，是一种同样需要重视的疾病。

@爱猫人士路人甲：绝大部分的家长和老师只会觉得你想得太多，心理不健康，都是性格的问题。再过分一点就会责怪你甚至辱骂你，很少有家长会意识到这真的是一种病，这对抑郁症患者来说就是雪上加霜。

【陈铭观点】

走了这么多学校，这是我见过的最细腻的一个孩子。在他上台来戴好安全绳和下去时解开安全绳之后，连续向工作人员致谢了两次，这是我印象中唯一的孩子。其实非常多的伟大灵魂都有过抑郁症的经历。我觉得刚才父亲在底下大声地说出抑郁症这件事情，不仅仅是有勇气，也充分说明了整所学校的氛围。同学们不把它当作坏事，有些学校的家长可能不愿意讲，因为怕孩子在生活中被其他的孩子取笑、奚落甚至是排挤，但这所学校非常温暖。

精彩片段回顾

今天我想对我的妈妈说：妈妈，您创造了世界上最伟大的奇迹！

无锡外国语学校
初二（3）班　宋佳珂

【喊话】　　　　　　　　　　　　　　　　**宋佳珂**

在我出生时因为缺氧，医生说我的智商只有36，劝你放弃，可你坚持将我生下来，坚信一定会好起来的。从我记事起，你陪我度过的每一天都是惊喜！正是在你的鼓励下，我从一年级的成绩平平到六年级的前三名，成了班长、大队长！

你让我不断挑战自己、超越自己，你让我一路向前。在2016年CCTV英语风采大赛上，我获得了无锡市总冠军！

妈妈，你让我生长在这个充满奇迹的时代！我一定会更努力学习，让这个世界更加精彩纷呈！

【回应】　　　　　　　　　　　　　　　　**爸爸和妈妈**

妈妈：其实你才是我们的奇迹！我们在抚养佳珂的过程中，确实比较辛苦，为了佳珂全面成长，我也去学了专业的儿童心理学。我们知道养小动物对这种有小缺陷的小朋友会有很大的帮助，然后我和爸爸就养了一群可爱的小动物。爸爸告诉大家，我们家有多少小动物？

爸爸： 有三只狗、两只猫。

妈妈： 我们就像让小朋友练习走路一样，我们摔一次不怕，只要爬起来，我们就会走得更远、更好！今后，你的人生会非常丰富、非常精彩！

宋佳珂：谢谢爸爸妈妈，我爱你们！

【精选留言】

@爱吃虾的虾虾仔： 人的潜力都是无限的，只有充满正能量、相信自己，看到的世界才是精彩的。

@黄头发的哥哥： 奇迹，什么是奇迹？母亲就是奇迹，母爱就是这个世界上最伟大的奇迹。

【陈铭观点】

妈妈真是全能，英语口语也好，而且是心理咨询师。自己的孩子能够来到这个世界上，还要给她比所有正常孩子更多的最好的爱，而且事后回头再看，妈妈会感谢这个孩子。父母是孩子最好的老师，反过来孩子也能让父母变得更优秀，拥有更精彩的人生。

精彩片段回顾

妈妈告诉我，你不要跟别人说你没有爸爸，因为她怕我受欺负。

成都石室外语学校
初三（5）班　王雪柔

【喊话】 ━━━━━━━━━━━━━━━━━━ **王雪柔**

　　我很小的时候，爸爸就去世了。后来，我的妈妈就带着我跟一个叔叔生活在一起。刚开始我不能理解，甚至还有些抗拒。叔叔有一个大我7岁的女儿，我们在一起生活了十年，虽然有时候我也会和叔叔吵架，会跟他顶嘴，但我知道他待我如亲生女儿般，他很疼我，会给我讲人生的道理。

　　有一句话我十年了都没有敢说出口，今天我想站在勇气台上，对我的叔叔说一句——爸爸，我爱您！

【回应】 ━━━━━━━━━━━━━━━━━━ **爸爸**

爸爸：雪柔，我也爱你！孩子，不要哭，我们都会爱你！我们在一起生活了十年，我见证了你的成长，我希望我们能一起努力。下个月放暑假，只要你喜欢，只要你愿意，爸爸带你去逛街、看电影、吃好吃的，好吗？

王雪柔：我们永远都是一家人，好不好？

爸爸：好！

【精选留言】

@绾起梨花月ovo：你的爸爸会在另一个世界里陪你长大，而现实生活中你又收获了更美好的一家人。好好长大，你有一个爱你又漂亮的姐姐和一个不会表达但疼你的爸爸，感情的事从来都无关血缘。

@沉默0908：我看到了一个重组家庭的幸福，所以说亲情是无关血缘的，人和人相处久了才能真正明白什么是感情，什么是真心。

【陈铭观点】

特别幸福的一家人，妈妈一直没有说话，但我注意到刚才雪柔说话的时候，妈妈是台下家人里面情绪波动最明显的。姐姐也是，年龄和经历与雪柔相似，可能是最能理解她内心感受的人。因为雪柔这边只有一个母亲，而站在姐姐的角度，一直也只有父亲在侧，她所经历的这种心理的挫折变化，姐姐都走过。用了十年才战胜勇气站在这里，如果不是今天，还不知道这一声"爸爸"往后会再等多久。

精彩片段回顾

"谢谢你们没有放弃我！"

在我出生五个月的时候，被查出患有一种遗传病——血友病。

河北正定中学
高一（18）班　王磊

【喊话】━━━━━━━━━━━━━━━━━━王磊

　　这种病经常伴随着自发性的出血现象，即使是很小的磕碰，也需要很长的时间才能恢复。严重的时候，就算是待着不动，我的关节也会肿痛。现在每隔两天，我就要进行一次静脉注射，只有在这样的预防治疗下，我才能够像正常人一样去生活、学习。

　　我的爸爸妈妈是普通的农民，经济条件也一般，但他们没有放弃我，并且艰难地将我抚养大！为了让我有药可以用，他们每天辛苦奔波，凌晨4点左右出门，夜里12点左右才能回来。他们对我的要求并不高，只希望我以后能够有钱，买得起自己的药就可以了……

　　看着爸爸妈妈疲惫的身影，我觉得我应该站起来，改变自己的命运，所以我决定重新开始读书！我希望尽我最大的努力学习，能有一个可期待的未来！

　　现在，我想对我的爸妈说——

　　爸、妈，谢谢你们没有放弃我！谢谢你们给予我生命，给了我继续生活下去的勇气！我爱你们！

【回应】———————————————————————— 爸爸

爸爸： 王磊，自你出生那一刻，爸妈从没有想过要放弃你！爸妈不需要你的感谢，这是我们应该做的。希望你以后能健康快乐地成长，成为一个有用的人！

王磊： 能成为你们的儿子，我真的很幸福！我以后一定好好孝顺你们，让你们不再为我操心了！

【精选留言】

@black颜色：父母不离不弃，孩子坚毅勇敢，才有了今天感人的喊话，其实孩子和父母在这个世上都是相互扶持的。

@番茄鸡蛋：孩子，也许未来的很多年，我们的生活并不会一帆风顺，但是我相信难关终会渡过。你一定会成为父母的骄傲，会是父母认为这一切都值得的原因。

【陈铭观点】

爸爸听到孩子台上如此汹涌澎湃的致谢，微微愣了一下。中国的家长，为孩子付出再多再苦再拼再玩命，都只当理所应当，他们自己都没发现这里面何谢之有。这一愣，最动人。几千年的中国"家"文化，把这份家人之间的责任内化成基本义务，有时像孩子患病或残疾，需要父母用一生来温暖。他们觉得理所应当，孩子不能觉得、我们不能这么觉得，社会更不能。你们用一生温暖了孩子，那让我们用很多人的双手来温暖你们吧！

精彩片段回顾

"妹妹，接受新家庭好吗？"

吴慧鑫，我希望你以后不要再这么任性了！接受现在的新家庭，接受四妹和叔叔，好吗？

边城高级中学
高三（239）班　吴慧琴

【喊话】 ————————————————————— **吴慧琴**

今天我来这里，是想要化解妈妈与妹妹的矛盾。妹妹，我想对你说：自从爸爸去世后，一直都是妈妈独自抚养我们，直到叔叔的出现。妈妈生了小妹之后，你就开始埋怨妈妈，不接受妈妈的新生活。你像变了一个人一样，妈妈和你说话时，你也爱搭不理……

其实在家里，妈妈最担心、最关心的就是你！难道你没有发现吗？在有了叔叔的陪伴后，妈妈开朗了很多。我们每天的早饭是叔叔早起为我们准备的，晚上有时候我们都睡觉了，叔叔还为我们洗衣服……即使现在有了小妹，叔叔对我们还是一直很好，是叔叔给了我们一个完整的家！

有一天我们都会长大，都会为生活和梦想奔波，不能陪在妈妈的身边，但是叔叔可以帮助我们照顾着妈妈，替妈妈分担生活的压力。吴慧鑫，你听到了吗？

【精选留言】

@佳人：面对姐姐的喊话，妹妹虽没有回应，但已是泪流满面，她的眼泪应该也包含了很多的意思：有对妈妈和继父的愧疚，又有委屈。对孩子来说，接受新的家庭真的不易，她也需要时间。

@云一芳：其实姐姐说得很对，但是妹妹以一个孩子的角度，她真的很难接受一个男的突然出现在生活中，和自己的妈妈在一起，占据了爸爸曾经的位置。生活的苦难就是这样，不管你是不是孩子，你都必须被迫长大和懂事。

【陈铭观点】

这一家子看起来，每一个人都让你觉得心疼，妈妈很愧疚，妹妹很痛苦，叔叔很委屈，而且他还没有表达，然后最小的妹妹，最无助。只有这个姐姐，她要把每一个人都照顾好，让他们的痛苦与仇怨尽可能地化解。姐姐此刻像把大伞，想遮住生活狂暴的雨点。愿妹妹能不再误解背叛的含义，愿妈妈和叔叔能体察责任背后爱情的乐趣，最后愿姐姐，在所有这些重担之后，笑着走向自己的人生。

精彩片段回顾

"爸爸，谢谢你带我看世界"

爸爸，等我18岁了，咱们父女俩一起去登一次珠峰，好吗？

**湖南广益实验中学
初一（18）班　徐卓媛**

【喊话】 ——————————————————————————— **徐卓媛**

今天我想对我的爸爸说——

爸爸，在我出生的时候，您登顶世界第六座高峰——卓奥友峰，把其中的"卓"字送给我，当作我的名字；我2岁的时候，您把登顶珠峰时陪伴您的氧气瓶送给了我；2008年，您把您传递过的奥运火炬送给了我。

10岁生日时，我们进行了拉磨谷之行；11岁时，您带我去了你漂流过的黄河源；今年我12岁，您带我登上了我人生中第一座5000米的雪山……

爸爸，谢谢您让我无忧无虑地成长，让我见到了那么多壮丽的风景！

今年，您带我和妈妈一起去了西藏，那里真的很美！今天我站在这里就是想和您约定——

等我18岁了，咱们父女俩一起去登一次珠峰，好吗？

【回应】 ──────────────────────────────── **爸爸**

爸爸： 卓媛，从小爸爸送你上幼儿园、上小学，总有很多家长问起：你是来
接孙女还是接女儿？我就说接女儿。我为什么等到40岁才结婚？因为
我在等上天送给我一份最好的礼物。终于，上天把卓媛送给了我！爸
爸这么多年带你走遍中国的名山大川，第一是遵循"读万卷书，行万
里路"的古训，更重要的是，世界这么大，你要多看看！所有的陪伴
都是为了你将来展翅高飞，独自飞翔。但是，你刚才给爸爸一个18岁
时的毕业礼物（登珠峰），这是一个很大的挑战，你是想让爸爸从一名胖
叔变成一个帅哥吗？我现在都190斤了！

徐卓媛： 那你要努力减肥，要是减肥没成功，没法陪我上珠峰了，怎么办？

爸爸： 我会努力！不管怎样，爸爸一定陪你上一次！

【精选留言】

@语不惜：这样的教育方式真的很赞！养女孩也可以和男孩子一样，爱她，但不拘泥于让她做温室里的花朵，可以给她更广阔的空间，来历练她的翅膀。

@茶香静心：什么是教育？应试教育、培训班，我想都不是。锻炼一个孩子的品性，这才是最重要的！

【陈铭观点】

硬核老爸呀！现在大家总说诗与远方和柴米油盐不能兼顾，追求自由就不能顾家，其实不对，我们完全可以带着家去找自由，带着家人去远方。卓媛的爸爸喜欢跋山涉水喜欢冒险，有孩子后带着孩子去继续攀登，表面上看，只是带着孩子跨过了山河湖海，双眼和双脚接受了自然的熏陶与洗礼；可本质上，一腔不畏惧任何高度的勇气和一颗勇敢追求自己所爱的心，已作为孩子价值观的基石，深埋心中。这持续一生的影响，千金不换。

精彩片段回顾

"为什么她比我小，我就要让着她？"

很多人的家庭观里，大的孩子总要让着小一些的孩子。

西安外国语大学附属外国语学校
六年级（3）班 崔兢

【喊话】━━━━━━━━━━━━━━━━━ 崔兢

在我心里，爸爸是一个特别严肃、古板的人。他永远只相信自己眼里看到的。

我有一个妹妹，她特别喜欢招惹我，每次我要去教育她的时候，她就会跑去爸爸那儿告状。爸爸听了妹妹的话之后，二话不说就来教训我！

爸爸，每次您都不顾事情真相是什么，就直接来教训我……您能不能试着相信我一次？

【回应】━━━━━━━━━━━━━━━━━ 爸爸

爸爸：（沉默许久）爸爸以前在这一方面，可能不太注意。但是，你上学也学过"孔融让梨"的故事吧？古人都知道以大让小，你比她大6岁，这个道理还用爸爸说吗？

崔兢：但明明是她做错了，为什么每次都要让我给她道歉？

爸爸：她小不懂事，你也不懂事吗？

崔兢：可是我每次都让着她，让着让着，她会认为这是一种习惯，不管她怎么欺负我，她都知道你不会责怪她……

爸爸：还是刚才那句话，爸爸再重复一遍，毕竟她还小！

崔兢：她现在已经上一年级了……

主持人：感觉爸爸没有去听孩子话语里的重点，姐姐在向您诉说她的委屈，如果孩子一味地忍让，换来的是您的训斥，慢慢地，孩子会在心中对家长有一种设防和不信任感，就是无论我说什么，我爸爸都不信，那我以后还要不要跟我爸爸说。小崔爸爸，希望您能从孩子的倾诉中，看见她的委屈，多倾听她的心声，好不好？

爸爸：好。

【精选留言】

@豆腐小王王：我觉得现在的家长学传统文化和社会伦理都只理解一半，老是"孔融让梨"，怎么没人记得古代更看重的是"长幼有序"呢，让大的让小的，教过小的要尊重大的吗？美德不应被曲解成歪理。

@yoo野：小女孩的爸爸根本没有意识到他的问题在哪里，"孔融让梨"不能完全适用于当今社会和家庭，她的善良不能作为一直谦让别人的理由，善良是选择，不是强迫！

@视觉志：为人父母，比偏心更可怕的是没意识到自己的偏心。特别是对很多二胎家庭来说，很多父母总觉得大的应该谦让小的，可她再大，终究还是个孩子，终究也需要大人的关心和疼爱。即使不能一碗水端平，最起码不要做得太过分。毕竟这个世界上，没有应该被冷落的孩子。希望每一个孩子都能平等地被爱，快乐地成长。

@桌子的生活观：在中国几千年的传统教育中，我们一直讲究兄友弟恭，爱护幼小，但是这种谦让，应该建立在自愿的基础上，而不是被迫。我们缺的不是道德，而是规则。每个孩子都是天使，都值得最好的爱与公正对待。

【陈铭观点】

其实在我们成长的过程当中，经常能听到这样的话："弟弟或者妹妹毕竟小，你毕竟大，你得让着他/她。"这句话真的很伤人。其实孩子并不是不愿意让着弟妹，错在一开始父母爱的天平就倾斜了，让孩子感受到了委屈。假设一开始已经建构起一个规则上的公平，在此基础之上，他有好吃的，他就会主动去让给弟弟或者妹妹。就如同当年的"孔融让梨"一样，孔融让梨的前提是梨先递到了孔融的手里，如果一开始那个梨都没有递到孔融手里，直接说"孔融你大，坐一会儿"，直接给到了别人，孔融心里也不一定开心。

所以，当姐妹发生冲突时，爸爸妈妈如果能走过去问发生了什么，给孩子平等的爱和尊重，更能促进和睦的手足情。==让孩子足够信任父母，是父母最重要的功课。==

精彩片段回顾

我的爸爸妈妈在今年给了我一个特别的成人礼——88公里的戈壁徒步！

广州大学附属中学

初一（7）班　龙芊儒

【喊话】 ──────────────────── **龙芊儒**

　　四天，88公里。在一望无际的盐碱地，我想过放弃；在寥无人烟的戈壁滩，我怨过妈妈；当看到整个裤腿都是骆驼刺的时候，我哭着就想一屁股坐到地上……但是看到路上还在坚持的队友们，我只能咬着牙，不让自己停下。

　　妈妈，我知道您为了陪我，那几天您走掉了三个趾甲，脚上都不知道起了多少个水泡。我也看到了您在终点为我偷偷抹下了泪水……88公里，这一路上我学会了随时调整自己的情绪，学会了承担责任，我尝试着帮助他人，同时也请求着他人的帮助……

　　我曾说，我再也不会来戈壁了，但是现在，我却爱上了那里的风沙、那里的泥土、那里的星空！谢谢您教会我"天地有域，行者无疆"的道理，是您教会了我坚持理想与信念，正如我们的宣誓词：

　　"少年智则国智，少年强则国强；少年富则国富，少年独立则国独立，少年自由则国自由，少年进步则国进步；少年胜于欧洲，则国胜于欧洲；少年雄于地球，则国雄于地球！"

在未来，无论遇到什么困难，我一定都会勇者无敌、勇往直前！

妈妈，谢谢您送给我的特殊的成人礼！

 【回应】 ──────────────────────────── **妈妈**

妈妈： 其实妈妈真的很为你骄傲，因为你在那个组里是最小的。第一天是妈妈牵着你走，第二天、第三天都是你自己经历，最后一天，你是你们组第一个到达终点的成员，妈妈真的特别为你骄傲！我也想跟你有个约定，妈妈在你12岁时送你了一个"惊悚"的礼物，等你16岁，还有一个更"惊悚"的——我们到时候一起参加"远征军"，会更艰苦，答应我，可以吗？

龙芊儒：好！

【精选留言】

@jks林初：父母的教育方式好棒！这种方式既锻炼了孩子，又拉近了亲子关系，值得学习。现在的孩子确实缺乏锻炼、吃苦耐劳的精神。物质生活条件的提高，父母对孩子的溺爱，让现在的孩子遇到挫折困难很容易被打败，所以这样的教育方式是很棒的。

@也是付贾啊：现在大多数的父母都会重视对孩子的培养，从小抓起，各种兴趣班，大把砸钱，想让孩子掌握更多的技能，赢在起跑线上，却很少有父母关注到孩子精神的建设、优良的品格，这家父母倒是令人很意外。

@孤独小一v：少年强则国强。父母的格局很大，给孩子这样的成人礼。这个成人礼让孩子学会坚持理想与信念，一生受用，比起那些重形式的成人礼好多了。

 【陈铭观点】

成年的标志是什么？我们看到一个什么样的生命，会感慨"嗯！是个大人了"？责任和勇气。四天时间，用双脚丈量88公里土地，是这两个词的最好证明。现在的家庭过于宠爱孩子，反倒应该像这位妈妈一样让孩子去磨炼一下，教育孩子"少年强则国强"。这位妈妈的格局和胸襟是很大的，这样的孩子，艰苦环境下拔地而起、脱颖而出，就靠她了！

精彩片段回顾

"妈妈也曾是一个怀揣梦想的小女孩"

妈妈，请您勇敢地去追寻您的梦想吧！去任何您想去的地方，做任何您想做的事，成为您想成为的人！

山西太原志达中学

初二（96）班　张琴喜

 【喊话】━━━━━━━━━━━━━━━━━━　张琴喜

我的妈妈是外婆家里唯一的大学生，长大后的她成了一名教古代文学的大学老师。

有一天，我在妈妈的抽屉里发现了一张来自武汉大学的邀请卡，需要妈妈离开一个学期。当时我有一点私心，因不想妈妈离开，所以我就当什么都没有看到，也没有向妈妈提起这件事。后来我却发现这张载满了梦想的小卡片，被妈妈悄悄地扔掉了。

其实一直以来，妈妈为了我和爸爸，为了这个家庭，放弃了许多她想要追寻的梦想。妈妈常说"我就是她的梦想"。但是，今天在这里，我想对妈妈说——

妈妈，对不起！我曾经自私地想让您一直陪伴在我身边，但是我忘了，你也曾是一个怀揣梦想的小女孩！你是外婆眼里优秀的女儿！所以，请您勇敢地去追寻您的梦想吧！去任何您想去的地方，做任何您想做的事，成为您想成为的人！

【回应】 ——————————————————— **妈妈**

妈妈： 宝贝，谢谢你！妈妈想告诉你的是，妈妈并不希望你想这么多，更不希望听到你说对不起。在妈妈心中，你上初中、高中这六年的时间是最重要的，妈妈以后出去的机会还有很多，但是陪你的点点滴滴不可重复，所以妈妈并不觉得遗憾。

张琴喜： 我们一起陪伴对方去寻找自己的梦，好吗？

妈妈： 好，这是妈妈最希望的了！

 【精选留言】

　　@**普通普通普通的生活：**母亲很伟大，她也曾经跟我们一样是个有自己追求的年轻人，却为我们舍弃了很多。

 【陈铭观点】

　　每个独立的个体，都有平等追求自己梦想的权利，孩子如此，母亲亦然。可当她成为了母亲，因为孩子而放弃了自己曾经年少时的追求。这到底是不是基于自由意志的选择呢？是做一个陪伴孩子的母亲，还是做回一个追求梦想的小女孩？人生哪有正确答案。重要的是这个选择的结果，不后悔，不遗憾。

精彩片段回顾

"弟 弟 ， 你 可 以 不 用 那 么 懂 事"

今天有一些话，我想对我两个月大的弟弟说。我把这些话都写在了一封信里。

内蒙古师范大学附属中学
高一（20）班　杨栩楠

 【喊话】　　　　　　　　　　　　　　　　　　　　　　　　杨栩楠

木易小朋友，姐姐希望你可以做一个单纯快乐的孩子，可以不那么懂事，不那么乖。

我从小就是一个懂事的孩子，因为懂事，所以在住校期间怕爸爸妈妈担心，很少主动给他们打电话。因为懂事，所以努力把每一件事情都做到最好，因为怕他们对我失望，我把自己的小情绪、小任性都藏了起来。所以姐姐希望你可以做一个单纯快乐的孩子，勇于索取，也敢于被拒绝。

还有，宝贝，有一件最重要的事情是你我这辈子都不能忘的：要爱我们刀子嘴豆腐心的爸爸，要理解他，不要顶撞他。为了照顾你，他已经两个月没有睡过整觉了。要爱我们最伟大的妈妈，她为了你，从115斤胖到了160斤，为了你，她经历了两次胎停，才等到你的到来。

最后，姐姐想让你记住，你的姐姐永远爱你！

【回应】————————————————————————**妈妈**

> **妈妈：** 杨栩楠你知道吗，你带给我和弟弟的感动，我没有任何的思想准备。其实，你想对弟弟说的话，也是妈妈想对你说的。在妈妈眼里，你就是那个"别人家的孩子"，周围的亲戚朋友都很羡慕我有你这么一个可爱的女儿。现在好了，节目播出，全国人民都要羡慕我了！妈妈也希望你不用那么懂事，坚持做自己，不用取悦所有人！有的时候，你的懂事让妈妈心疼，你知道吗？尤其在我生完弟弟回到家，看到你为我们所做的一切，我真的感动得哭了好几天……所以，你对弟弟说的话，我也希望你对自己再说一遍，好吗？做你自己，不要太委屈自己！

> **杨栩楠：** 我答应你！从今天开始，我会做自己，努力照顾自己的情绪。妈妈，能看到你们美好的笑容，是我最开心的事情！

> **妈妈：** 我一定会将你的这封信保存完整，等木易长大了，我会读给他听。你的弟弟是全世界最幸福的弟弟！

> **杨栩楠：** 我也是全世界最幸福的姐姐！

【精选留言】

@主人公：二胎家庭的孩子，往往惧怕爸爸妈妈的爱被分走，能主动表达爱的孩子，一定也承载了许多被爱吧。

@佳子：孩子妈妈的这番话有点出人意料，让同为母亲的我很是佩服。要知道，当了爹妈，谁不希望自家孩子能懂事听话，养起来多省心。但这位妈妈在因女儿的懂事感到由衷欣慰的同时，更能意识到，孩子太懂事，并不见得完全有利于孩子未来的健康成长。

@读秘：过早懂事，终将习惯讨好别人。"讨好"是成年人世界的贬义词，现在更多小孩却早早养成，这就像小孩偷穿大人衣服般不合适。因为他们从小接受到的教育就是：只有"懂事"，才能得到关注和爱，一旦不那么"懂事"，就会被否定、被批评。父母在外引以为傲的懂事，孩子要坐实这个称号，必须时刻注重别人的感受，放弃自己诉求的权利，不敢任性，小心翼翼。过着必须靠压抑自己来讨好别人的人生。这样的人生难道不累吗？请让孩子自然懂事。

【陈铭观点】

有句话说大人把孩子的隐忍当作懂事，这样的孩子会更多地考虑别人的感受，在乎别人的想法，从而把自己的情绪隐藏起来。懂事，是一种让人心疼的优点。爸爸妈妈应该更多地关心一下大女儿的想法。姐姐希望弟弟做一个单纯而不遗失自我的孩子，可以不那么懂事，不那么乖，其实既是对弟弟的忠告，也是自我内心的宣言。

精彩片段回顾

姥姥,您70多岁了!能不能让我们省点心呀!你到底图个啥呀?

沈阳第一中学
高二(7)班 陈诗达

【喊话】 ——————— 陈诗达

小时候,姥姥常常辅导我和姐姐学习,后来我和姐姐长大了,姥姥就去了一家艺术培训机构,做了一名教务老师。

教务老师真的是一个非常累的工作。这里是东北,冬天早上-20°C多时,您也照去不误。早上7点上班,下午5点下班,您总要忙到晚上八九点才回来。

姥姥,您不再是二三十岁的年轻人了,您70多岁了!能不能让我们省点心呀!你到底图个啥呀?

【回应】 ——————— 姥姥

姥姥: 图啥呀?宝贝儿,图开心呗!我做的是"春天"的工作,和早上八九点的太阳在一起,我能不快乐吗?能不年轻吗?所以,姥姥不是72岁,姥姥才27岁!我年轻着呢!那你说70多岁的老人,应该做什么呢?

陈诗达：出去遛遛弯，在家带带娃，没事搓个麻将，跳个广场舞也挺好！

姥姥： 现在有些老人是这样，但那不是我的生活。爱迪生说过：My philosophy of life is work（我的人生哲学就是工作）。我希望实现自己的人生价值！跟27岁的姥姥一道儿，Come on！

主持人：我想问一下诗达，假设你30岁左右，没有女朋友，回家之后，你的长辈见到你就说："你怎么还不结婚呢？30多岁的男人就应该有孩子，隔壁孩子都打酱油了，你咋连个对象都没有呢？"别人都觉得你到这个年龄，就应该做这件事情呀！你怎么想？

陈诗达：烦呗！

主持人：你刚才心里听到这些话的感受，跟你姥姥听到很多话的感受是非常一致的。你知道吗，这样的观点会让那些不选择带娃的老人，承受一种莫名的内疚感，仿佛自己做错了什么。我们其实应该给她鼓掌和信心，站到她这一边。你觉得有道理吗？

陈诗达：有道理。

主持人：所以今年72岁的姥姥，其实才27岁！但这些需要我们家人在背后做她坚实的后盾。加油诗达，加油姥姥，我们都支持你！

【精选留言】

@咸鱼本鱼叫木青：每个年龄段的人想法做法都不一样，有的人表面年轻其实已经老了，有的人看着老了其实很年轻，不能用年纪来评价一个人，每个人都有想要的生活！

@wo：如果前半生需要为了生活去舍弃自己的私心，那么在儿女成年之后的你们，我希望能够去追随年轻的心，谁都应该为自己而活！

【陈铭观点】

莫道桑榆晚，为霞尚满天。老年是人生的重要阶段，是仍然可以有作为、有进步、有快乐的人生时期。我们的人生存在太多的不确定性，没有谁一定得按所处年龄段选择相应的生活状态。70岁的老人未必就一定得带娃。这样的观点会让那些不选择带娃的老人，承受一种莫名的内疚感，仿佛自己做错了什么。正如同年轻人30岁如果没有选择结婚和生孩子，就仿佛自己做错了什么。没有做错，这是我们的生命、我们的选择。我们要做的唯一的事情，就是承担责任。诗达姥姥也是一样，姥姥已经72岁了，她完全可以选择像27岁一样精致地生活。她不仅看着孩子学习，甚至跟着孩子一起成长，她可以永远拥有年轻的心态。我相信姥姥到了82岁，也只有28岁！优雅、自信的姥姥会是老年人的一个标杆，不管多大年纪，都优雅而美丽，这就是典范！她呈现了一种女人的可能性，年龄和时光摧残不了她的美丽。

精彩片段回顾

"妈妈，您是我人生中最大的导师！"

今天，我想和大家聊聊我的妈妈。我的妈妈是一个平凡而伟大的人，她一直在用自己的行动影响着我、教育着我。

云南民族中学
高一（8）班 钱康元

 【喊话】 ———————————————— **钱康元**

记得有一次我和妈妈逛街回家的时候，遇见了一起交通逃逸事故，当时她骑着电动车就去追逃逸的摩托车，和警察一起抓住了逃逸的肇事者！因为见义勇为，她还得到了交警的表彰。这件事启发了我内心对正义的向往和追求。

同时妈妈也用自己的行动，证明了人生是需要奋斗的。妈妈嫁给爸爸的时候，很多人都觉得她是在高攀，因为当时爸爸有工作，而妈妈没有固定的职业。但是，妈妈并不介意别人的看法，而是通过自己的努力不断证明自己。妈妈卖了10年的卤鸡，并通过卖卤鸡买了一套房！

后来，妈妈去应聘销售。开始老板介意她的年龄，妈妈却通过业绩证明了自己，还晋升为店长！两年干下来，妈妈又买了一辆车！现在妈妈还在不断努力，打算再买一套房！正是因为妈妈的不懈努力，改变了周围所有人对她的看法。在她的言传身教下，我也通过努力考上了云南民族中学。所以今天我站在这里，想真诚地对妈妈说——妈妈，您是我人生中最大的导师！谢谢您！

【回应】─────────────────── **妈妈**

妈妈：康元，一直以来我都相信努力就会有结果，只要用心，没有办不到的事。一定要做正义的人、对社会有贡献的人，妈妈努力做到了。妈妈相信你，你也可以做到！

【精选留言】

@双木林希：父母是孩子的第一任教师，这话没毛病！

@朴叶子：妈妈就是孩子最好的榜样，很多东西不用家长特意去教，孩子自己看在眼里，学在心里。

【陈铭观点】

好一位有勇有谋的女性！坚定的目标，踏实的行动，一个好导师是多么重要！妈妈就是孩子最好的榜样！以身作则，坚强独立，见义勇为，拥有这种优秀品质的妈妈，孩子怎么可能教育不好？这种教育都是潜移默化的，一点点滋润着孩子，直至发芽茁壮成长，长成一棵跟妈妈一样为家庭遮风挡雨、为社会做出贡献的"大树"。

精彩片段回顾

"她除了是我妈妈，还是她自己！"

今天在这里，我要帮我的妈妈招生！

云南民族中学
高一（9）班　王晗

【喊话】─────────────────────────────王晗

　　我妈妈练瑜伽已经有八年了，在我三年级的时候，她拿到了高级瑜伽教师资格证书。但是，她为了陪我读书，暂时放弃了瑜伽，照顾我的生活，直到我初中毕业。现在，我读高中了，她的时间也相对宽裕了，所以她又重新去进修了瑜伽。

　　很多家长都会以自己的孩子为中心，久而久之，他们的世界就没有了自我。但是，我妈妈不一样，她除了是我妈妈，还是她自己——蒲琼芳！

　　今天，我要帮妈妈招生！现场想要跟我妈妈学瑜伽的同学，你们举手吧！

【精选留言】

　　@校芯通：当一个女人成为母亲，身边人会不约而同地把她的身份唯一化。她只是孩子的妈妈，她应该为孩子考虑一切，哪怕牺牲自己也无所谓。可是，如果一个女人带着这样的标签去做母亲，她自己的真实需求便被压抑了，她就没有了自我。

【陈铭观点】

从女儿的嘴里大声喊出妈妈的名字，太棒了！之前有无数向妈妈喊话的人，我们真的都不知道妈妈叫什么。王晗的这句话深深触动了我的内心："她除了是我妈妈，还是她自己！"这个太重要了。这就是为什么很多孩子一上大学，妈妈会有诸多不适应，一时感到无所适从，忘了自己想干什么……王晗大声喊出妈妈的名字，明确妈妈的自我位置，为妈妈的事业来出力、来呼吁，真是太感人了！每个人都是他自己，每个妈妈也是。

精彩片段回顾

"全世界最强大的男人在我面前哭了"

我的爸爸是一名货车司机。他的工作就是拉着货，跑遍全国各地。小时候，他很少有时间陪我。

河北正定中学
高二（11）班　张梦雅

　【喊话】———————————————————————张梦雅

我觉得他只顾着赚钱，所以总是故意对他发脾气，惹他生气。

可是我从来没有说过，爸爸在我心目中，其实特别高大！他是一个硬汉，修车、装箱、扛货，样样自己来。常年下来，他"练就"了一身的肌肉！

有一次爸爸喝醉了，竟然在我面前哭了。对我而言，全世界最强大的男人在我面前哭了，那是一种什么样的感受？爸爸还对我说："以后你结婚了，我就陪着你，给你做一辈子的饭！"

爸爸，您是我最亲爱的爸爸，是全世界最强大的男人！以后结不结婚再说，我想陪您一辈子！

　【回应】———————————————————————爸爸

爸爸： 说实话，我的工作性质有点特殊。常年在外，陪你们的时间可能有点少，我们父女沟通也少，爸爸心里一直很愧疚。

张梦雅：没关系。

爸爸：以后我争取多抽出时间，多陪你，多沟通。

张梦雅：没事，爸爸，我理解您。

爸爸：结婚是必须的，你不结婚，怎么把我这个"嫁妆"带走呢，是不是？

张梦雅：其实还有一件事我放心不下，就是您以后少抽点烟，行吗？

爸爸：货车司机的一天，旅途特别枯燥，抽烟可能是有点多。我听话，少抽烟，争取早日戒掉它！

张梦雅：爸，等我以后有本事了，肯定一把火把你的烟全都"烧"了！

爸爸：我等你那天！

【精选留言】

@暗里着迷：货车司机是一个充满危险的工作，又苦又累，常年离家在外。小时候经常听谁家爸爸跑大货车出事了，真的不容易，要不是生活，爸爸也很想回家和家人团聚。

@一天三个冰淇淋：虽然你的爸爸不在家，家却一直在他心中。

【陈铭观点】

"做女儿的嫁妆，做一辈子的饭"，真的不敢想象女儿出嫁的那天，父亲的心里是什么感受。也许那个女儿心目中的"硬汉"会躲在没人的地方偷偷抹泪。这样的爸爸怎么可能会不爱自己的女儿呢？父亲这个词，背后充满力量和安全感。香烟会影响到这份安全感，所以女儿想一把火全都烧掉。一切站在安全感对面的意象，都是梦雅最大的敌人。安全驾驶，安全生活，希望父亲一辈子平平安安，永远是梦雅背后那座巍峨耸立的山。

精彩片段回顾

外婆为了陪我高考，从邵阳走到了长沙。

长沙同升湖实验学校
高三（5）班　肖瑛

【喊话】 ——————————————— 肖瑛

今天，我想对我亲爱的外婆说——

外婆，我从小跟您生活在一起，您因为身体原因不能坐车，从未出过远门。

这次，为了陪我高考，给我加油，您硬是从邵阳走到了长沙。邵阳到长沙只需要两小时的车程，您却走了整整两天！

您因为照顾我，而忽略了自己的身体，可是在我心中，您的身体比任何事情都重要！

外婆，17年来，辛苦您了！外婆，下个月回邵阳，我陪您一起走回去！

【回应】 ——————————————— 外婆

外婆： 肖瑛，我好爱你！你好好照顾自己，好好读书，婆婆好爱你！

【精选留言】

@佳佳佳哥很酷：想到了我90多岁的祖母，她耳朵听不清，眼睛也看不清了，好多好多东西都不记得了，但她记得我的名字……

@沙雕少女张不饱：我也是由姥姥养大的，姥姥不舍得给自己买东西，对我却是有求必应。长大后我回到父母身边，与姥姥相隔两地。15岁那年我赚到第一桶金，想着把姥姥接过来，她却因为癌症离开了，直到两年后，我一个人走在街上突然泪流满面，明白这个人再也不会出现在我的生命里，那一刻，肝肠寸断。

@就不告诉你哩：希望所有孩子都能珍惜外公外婆、爷爷奶奶，因为他们能陪你们的时间真的不多。

【陈铭观点】

有时候老人面对这个世界，觉得自己跟不上了，可她心里又记挂着孩子。就用最原始的脚步陪你，走过来，陪在你身边。老人的爱是那样深沉和默默无声，虽然他们给不了我们太多帮助，他们的爱却是我们最大的动力。他们在用自己的方式来爱你，哪怕是为你提供一点微不足道的帮助，他们也很开心。我们要学会去体谅这份沉甸甸的爱，也要用同样的爱去回报他们。

精彩片段回顾

"姐姐，我会成为你的后盾！"

姐姐，以后我会成为你的后盾，为你承担一切！

广益实验中学
高三（9）班　邓志龙

【喊话】 —————————————————————————————————— 邓志龙

今天我想对我的姐姐说——

在我初二那年，你高三毕业，由于家里经济情况有限，你把上学的机会留给了我，独自一人带着仅有的500块钱外出打拼，撑起了这个家！所有的苦和痛，你都一个人担着，只把你最快乐的一面展现在我面前。

今年暑假，我去了你最初在外工作的家居厂，面对繁重的工作，我每天累得腰酸背痛，身上的疼痛让我深深地体会到了你当时的感受。

在你的鼓励下，你又一次坚持送我到省城来复读，你说无论花多少钱都要供我读书……

姐姐，现在我长大了！不再是那个小时候跟在你后面的小毛孩了！在这里，我要谢谢你，谢谢你为我所做的一切！

姐姐，以后我会成为你的后盾，为你承担一切！

【回应】 ——————————————————————————————————————— 姐姐

姐姐： 其实姐姐今天看见你站在台上，心里很欣慰。这一路走来，看着你慢慢成长，有挺多话想对你说。从小到大，你都喜欢做我的跟屁虫，我也很宠你，你想要的一切，只要我能给的我都愿意给你。无论是过去、现在还是将来，姐姐永远都是你的避风港。现在长大了，姐姐希望你能变得更优秀，有一天可以换作你来保护我，好不好？

邓志龙： 好！

姐姐： 明年的今天，我可不可以到一所环境很美的211或者985大学去看你？

邓志龙： 相信我，我今年一定做到！

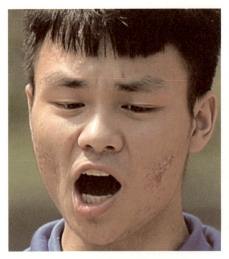 

【精选留言】

@不一样的岁月如歌： 我也是一个姐姐。弟弟，我想对你说，在你恐惧害怕的时候，我会成为你的坚强后盾，永远守护着你；在你困惑艰难而不能前行的时候，我会给你一只臂膀，让你安心靠岸。

【陈铭观点】

有很多人说这种方式的亲情会给孩子带来压力，它的确有压力，但是大家没有看到它背后温暖的地方，就是你永远不会在这种血缘和家庭关系中感到孤独，因为大家都是彼此扶持。姐姐真的很伟大，把所有的爱都给了弟弟。有一句话叫长姐如母，家庭经济拮据，姐姐非但没有抱怨，反倒主动承担起了养家的责任，给弟弟提供上学的条件，弟弟如今已经长大了，也会成为姐姐的避风港，让姐姐不再一个人单打独斗。

精彩片段回顾

"有个问题困扰了我九年"

现在二胎政策放开了，相信大家都有小弟弟、小妹妹了。我有一个9岁的妹妹，因为这个妹妹，有个问题困扰了我九年，我希望能把这个问题说给妈妈听。

杭州高新实验学校
六年级（4）班　丛欣宇

 【喊话】 ———————————————— **丛欣宇**

　　小时候我生病了，爸爸因抱着我上医院，脚趾受了伤，很久才恢复。可是现在，我几乎看不到爸爸妈妈的身影，妈妈每天早上忙着给妹妹穿衣服、洗脸，催着她吃饭，一点都没有顾及我……

　　有一次放学，我在学校里等妈妈，直到傍晚6点30分还没有见到她。后来黄老师给妈妈打电话，她却说："我忘记了，以为你早已回家了。"

　　爸爸妈妈天天围绕着妹妹转，忽视了我。我希望你们能分一点点时间给我，好吗？

 【回应】 ———————————————— **妈妈**

　　妈妈： 宝贝，妹妹比你小，可能妈妈会关爱她多一点。

　　丛欣宇：我知道妹妹小，所以我不奢求什么。

妈妈： 你放心，爸爸妈妈以后会抽出更多的时间陪伴你！你非常勇敢地把自己的想法和感受说出来，女儿你很棒！妈妈也会用行动告诉你，妈妈和爸爸永远爱你！

丛欣宇：妈妈，我也爱你！

【精选留言】

@荒岛寻己：很多家庭现在都有了二胎，所以会经常忽视对老大的关心。然而对于内向并且不善于表达的孩子来说，这将会成为他们心底的阴影。孩子大声地说出了自己的心声，可是这祈求的声音让人心疼。希望父母以后可以多分一些时间陪伴小女孩。

@濡知沫：没有妹妹的时候，爸爸妈妈是围着你一个人转，把爱只给了你一个人；有了妹妹之后，是把爱给了你们两个，即使给你的比妹妹少，那你也比妹妹多了那几年独宠的日子。妈妈很不容易，你要学会体谅妈妈。

【陈铭观点】

一碗水端平，是个技术活。杂技演员们都要练好多年呢！公平地对待孩子，与孩子感觉自己是被公平对待的，是两码事。所以有时候孩子介意的，是公平感，是非常主观的感受。家庭教育当中，如何从孩子的主观切入，调整孩子的感受？除了事实公平、规则公平之外，还对父母的沟通和交流技巧提出了更高的要求。天平的艺术，为人父母啊，真的是需要反复咀摸玩味的一趟修行的旅程。

精彩片段回顾

"爸爸，我为你准备了一首情诗"

118

爸爸，我为你准备了一首情诗，我希望你能念给妈妈听。老爸，你准备好了吗？

河北正定中学
高二（14）班　赵宇翔

【喊话】 ———————————————— 赵宇翔

我有一个看起来特别坚强，但是内心特别小女生的妈妈。她会像18岁的小姑娘一样，喜欢包包、喜欢粉红色、喜欢好吃的、喜欢小裙子……喜欢一切浪漫的事情。但是我的爸爸，却是一个特别、非常、完全不知道浪漫是什么的人！

每次我妈哭了，我爸只会跟我说："儿子，你妈哭了，快去安慰安慰她……"爸爸！你自己就不能主动一点吗？跟我妈在一起这么多年，他对我妈说过的唯一的情话是"你今天穿的衣服真好看"。

你跟我妈结婚的时候，没有拍婚纱照，所以我妈没有穿过一次婚纱，那可是每个女生毕生的梦想！爸爸，虽然我妈从来没有跟你说过她要穿婚纱，但是我能看出来，我都旁敲侧击了你那么多回，你难道看不出来吗？

爸爸，你挑一个好日子，带妈妈去拍一套美美的婚纱照吧，好吗？

【回应】 ————————————————————————— 爸爸

爸爸： 好！

赵宇翔： 今天，我为你准备了一首情诗，我希望你能念给妈妈听。老爸，你准备好了吗？

爸爸： 准备好了！40年了还没这么浪漫过呢！

爸爸： （对妈妈）"当你老了，头发白了，睡意昏沉，炉火旁打盹，请取下这部诗歌慢慢读，回想你过去眼神的温柔，回想他们昔日浓重的阴影。多少人爱你青春欢畅的时辰，爱慕你的美丽，假意或真心，只有一个人还爱你虔诚的灵魂，爱你衰老的脸上痛苦的皱纹……"

【精选留言】

　　@佳人：相比其他孩子对父母的抱怨，男孩如此体贴入微！小男孩的爸爸妈妈不承想，人生中的第一场浪漫，竟是儿子为他们准备的。妈妈的暖心小皮袄，让人哭着并笑着，何其幸福的一家人！

【陈铭观点】

　　某种程度上说，儿子是父母生命的延续，是父母打开丰富人生的一扇窗户。其实我挺好奇的，为什么一个这么不懂浪漫的老爸，却教出了一个如此浪漫贴心的儿子？我想可能是儿子想表达对妈妈的爱，因为理解妈妈对浪漫的渴望，所以儿子想要弥补（妈妈缺失的那一部分），也希望爸爸在儿子的带动下能够多一点浪漫，让家里的两个男子汉好好呵护妈妈，保护妈妈的少女心。

精彩片段回顾

"妈妈，我和爸爸一起守护你"

每次我和妈妈一起出门，总会被人误解成是姐弟俩！

沈阳第一中学
高二（11）班　张豪千

 【喊话】 ——————————————————————————— 张豪千

从前我心中总有个疑惑——难道我长得真的很着急吗？

我今年16岁，妈妈今年41岁，每次我和妈妈一起出门，总会被人误解成是姐弟俩！我内心总是很不服气。

后来发生了一件事情，改变了我的态度。今年冬天，我们全家去海南过年，我们去体验了跳伞，记得当时一位阿姨指着我和妈妈对我爸爸说："大哥，你可太幸福了，儿女双全啊！"我爸气得向她大吼一声："她是我媳妇！"我到现在也没法忘记那个阿姨在听完这话之后，爆发出的魔性笑声……

今天，我想对我的爸爸说——

爸！到那天我才明白，原来我不是长得太着急，而是长得太像你了！但是我觉得这样也没有什么不好，至少证明你年轻的时候跟我一样帅！

虽然妈妈只比你小5岁，但是她看起来这么年轻，说明咱爷俩对她好！妈妈，是不是？

【回应】 ——————————————————————————— 爸爸

爸爸： 张豪千，你知道为什么你妈这么年轻吗？因为她幸福啊！我跟你妈20
年前相识，一起走过了18年的婚姻。其间我和你妈只有过一次争执。
一个男人的责任，就是要让自己的女人过得幸福！都说爱情是一个女
人最好的化妆品，爸爸真正做到了！这也许是你妈妈永葆年轻的一
个真正的原因。爸爸也感谢你，你是一个非常棒的孩子，爸爸由于工
作的原因，经常外出，一直是你在替爸爸守护着妈妈，让妈妈非常开

心和快乐。爸爸在此感谢你！希望在未来，爸爸离家去异地工作的时候，你能够记住爸爸今天说的话。同时你能不能给爸爸一个承诺，这也是当初我对你姥爷的承诺：在未来的日子里，让我们两个男人一起守护我们最心爱的女人！

张豪千：行！老爸，你负责挣钱，我负责学习。爸，就让我们一起好好呵护妈妈，让她自由自在、无忧无虑地继续年轻下去，好不好？

妈妈：张豪千，妈妈想对你说，现在我们一家人非常幸福，我们要永远幸福下去！妈妈希望你两年之后能考上一所名牌大学，实现我们家庭一个小小的梦想；然后，让我们一起为实现中国梦尽自己的一份力，好不好？

张豪千：好！

【精选留言】

@---终极fans---：这样的家庭才能培养出这样懂事又优秀的孩子！父母的爱情能在潜移默化中对孩子的成长产生积极影响。

@天干物燥zao：妈妈年轻的原因不只有爸爸的宠爱，孩子的听话也是妈妈永远年轻漂亮的秘诀不是吗？

【陈铭观点】

成熟是一种魅力，这是孩子为妈妈的呐喊！爸爸刚才那段话，把一个很多人认为到了40多岁就会有的中年危机，非常巧妙地化解了。事实证明，责任感就是最好的情感纽带。你不能靠激情去维系一段婚姻，激情可以维系一段爱情，但是它迟早会消退，烟花总会熄灭，但责任感才是恒久的。

精彩片段回顾

爸爸，我希望您不要再那么拼命了！

内蒙古师范大学附属中学
高一（1）班　敖日晗宝丽尔

【喊话】————————————————敖日晗宝丽尔

今天，我要说一说我的爸爸。我的爸爸是一位优秀的蒙文报编辑记者，他自己编写了一款蒙文多功能输入法。他的输入法有300多万条词组，为了这个庞大的词库，我爸爸努力工作了十来年！

我凌晨4点30分醒来时，我爸爸坐在电脑前击打着键盘；我5点醒来时，他坐在电脑前；我6点起床时，他还坐在电脑前……

爸爸，您要知道，您不是钢铁侠，您是我爸爸呀！我希望您不要再那么拼命了！

【回应】————————————————爸爸

爸爸： 女儿，你六七岁的时候问我，你这个输入法能赚钱吗？我说能赚很多钱。（输入法）研发成功以后，我在社会上免费推广，你几天没跟我说话，那时候你怎么想的？

敖日晗宝丽尔： 那时候我觉得，您辜负了自己的努力，头发越来越少，为什么还要这样？我感觉您对不起自己。后来我想了想，您是为了梦想，为了发展自己民族的文化，我觉得自己只想着赚钱，太自私了，我也反思了很多。如果爸爸只想着赚钱，也不可能努力这么久，十来年，天天坐在电脑前，一个字一个字地输入词组，直到输入了300多万字……不过我还是希望您能多休息，不要再那样拼命了，好吗？

爸爸： 好的！

敖日晗宝丽尔： 爸爸，我希望您以后周六日能多挤出点时间，多陪陪我和我妈妈。

爸爸： 好的，没问题！

敖日晗宝丽尔： 今天在大家的面前，我想和您做一个约定，今天能不能带我去看一场电影？

爸爸： 没问题。

敖日晗宝丽尔： 谢谢！

【精选留言】

@妈妈叫我阿丽：忽略了自己的小家，为蒙古族同胞的大家付出了自己多年的心血。心疼这位"输入法爸爸"，更多的是感谢他研发的蒙古文输入法帮助了千千万万的蒙古族同胞，能用自己的民族语言和这个世界建立沟通。

@扎西德勒：不知道大家清不清楚藏区的人爱用苹果手机，主要因为苹果手机有藏语输入法，国家正需要像这位父亲一样的人，为我们少数民族谋福利。

@倚楼观月_听泉煮茶：或许有些梦想微不足道，但那也是会发光的梦想；或许有些坚持得不偿失，但那也是会发热的坚持……走下去是为了一个信念，是为了一个梦。

【陈铭观点】

伟大与平凡，往往就在一念之间。10多年，300多万字，一字一词地输入，毫无疑问这位父亲是蒙文输入法的英雄；可一部电影都没时间陪女儿去看，台下站着的俨然是一位疲惫而愧疚的沧桑父亲。而这一线之隔还可以不断往外延展——几乎所有领域里的英雄个体，都有着相似的生活B面。不要把英雄们推入云端，正是这疲惫的B面才是所有宏大叙事脚下最坚实的土地。

精彩片段回顾

"妈妈，您的功劳和出去打工的爸爸一样大！"

妈妈，不管别人怎么说，咱们一家人健健康康地在一起，好吗？

沈阳107中学

八年级（8）班　刘倍源

 【喊话】————————————————————— **刘倍源**

我妈妈来自农村，和爸爸一起来到沈阳打工。为了能够更好地照顾我和妹妹，她辞掉了原来的工作。

家里有些亲戚会说："孩子都这么大了，怎么还不出去找工作？"我明白，他们就是嫌妈妈不能赚钱。

实际上他们并不知道，恰恰是因为妈妈在家，反而给我们家赚了钱！她不仅能教我学习数学和物理，在她的辅导下，我的生物还考了全班第一名！所以，我基本不用去补课，这可省了多少钱！还有妹妹上幼儿园的钱、请别人出去吃饭的钱，都是因为妈妈在家里操持换来的，怎么就不比出去打工有价值呢？

所以，今天我想跟妈妈说——妈妈，在我眼中，您的功劳和出去打工的爸爸一样大！因为您辛苦操持这个家，常常头疼、眼睛疼……女儿唯一的心愿，就是希望您能去一家正规医院好好做一次检查，把自己的身体治好。不管别人怎么说，咱们一家人健健康康地在一起，好吗？

【回应】 ——————————————— 妈妈

妈妈： 好！谢谢女儿的理解和爱，没有工作可以再找，女儿的童年一生只有一次，再好的工作也比不上对你的陪伴。妈妈老了，也就不会有太多的遗憾。你和妹妹就是妈妈的工作、是妈妈的全部，妈妈爱你们！在这里，妈妈想对你提一个小小的要求，在你学习的空闲时间里，能否与妈妈一起，多陪陪妹妹，陪伴她度过快乐的童年，好不好？

刘倍源： 好的，我一定会好好陪妹妹。妈妈，我永远爱您！

妈妈： 我也爱你！

【精选留言】

　　@小西不爱吃西瓜：全职妈妈这种职业全年无休，没有薪水，还可能会承受家人的闲言碎语，自身价值和意义被否定。可是，女人不是生来就该做全职妈妈的，她可以选择单身，可以选择丁克，可以选择很多。但是母爱的本能使她最终选择了家庭！

【陈铭观点】

　　特别质朴的母亲。总要有一个声音为全职家庭主妇发声。事实上妈妈创造的价值，远远比女儿刚才算的账要多。试想一下，请一位全日制家务全覆盖的阿姨，加一位全陪的家庭教师，加一位全方位理财顾问，加一位高生活品位的时尚搭配买手……还有很多没有考虑到的家庭隐形付出的部分，再加上百分之百信任的加持，在人力资源市场价格几何？把全职家庭主妇的付出"价格化"非常不妥，大大低估了"爱"的价值；可现实生活是，她们真心实意的付出都被社会尤其是男性给忽略了。再次为这个孩子的大声疾呼鼓掌！

精彩片段回顾

我的爸爸是一个音乐家！

张家口东方中学
高二（11）班　刘鑫宇

【喊话】 ——————————————— **刘鑫宇**

　　我的爸爸会很多乐器，笛子、唢呐、笙箫……好像任何乐器到他的手里就像玩具一样，信手拈来。他经常和其他民间音乐家一起外出活动，基本上都是一些红白喜事。

　　两个月前，爸爸的耳朵被鞭炮炸到，导致左耳听力下降。但是，他不愿意去治病，因为他怕花很多钱，会把我和弟弟上学的钱用完。

　　爸爸，我们把耳朵先治好，好吗？

【回应】 ——————————————— **爸爸**

爸爸： 首先我想说，我是一个来自小山村的农民，比较穷苦，也没有什么知识，"音乐家"称不上，最多是一个民间艺人。每天跑"江湖"，以卖艺为生，供我两个孩子上学。说实在的，你要好好上学，我的耳朵慢慢会好的。

刘鑫宇：不行，我还是想让你先把耳朵治好！

爸爸：好的，孩子，爸爸一定努力多挣钱，再治我的耳朵。

主持人：鑫宇爸爸，鑫宇是希望您先赶紧把耳朵治好。

爸爸：我一定想办法治耳朵，但是我更希望女儿不要为我这个耳朵操心了。

主持人：鑫宇爸爸，您的耳朵不只是您的事，它是整个家庭的事。

刘鑫宇：我们都很担心你。

主持人：您知道吗，如果不治或者迟迟往后拖延的话，病情有可能会贻误，越往后就会越麻烦。其实音乐是您的一个立身之本，但是听力的影响会直接影响到您之后在音乐上的道路。

爸爸：但我还有一只耳朵，我还能坚持。

主持人：我们不能用消耗的眼光去看待您的事业，我们要以一个可持续的眼光去看待。有可能因为您不赶紧去治疗耳朵，她连学习都没法安下心来。

主持人：而且不仅会影响鑫宇一个孩子，您的两个孩子在学习状态和心情上都会受到影响，这也是您需要考量的部分。

爸爸：谢谢你们的关心。

主持人：所以您准备几月几号开始具体的治疗过程？这是鑫宇心底一直盘旋着的一个问题。

爸爸：三五天吧。

主持人：三五天，这个可以有。

【精选留言】

@嗨咪咕噜咕噜哩：慢慢发现，纯朴的人有着令人敬佩的目标，就是希望子女成为国家栋梁之材，为国争光。

@user9127258412838：看到父亲低下头皱起眉头的那一刻，我体会到了父亲所有的心酸和无助。爸爸加油，祝天下所有的爸爸身体健康！

@花•yu：父爱如山，虽然他不善于表达，没有华丽的辞藻，但简单朴实的话语，都是他对孩子的爱。所以，孩子，你一定要好好学习，不要辜负父亲的希望。

【陈铭观点】

爸爸只有把这只耳朵赶紧治了，两个孩子才能真正地安心上学。耳朵现在已经不再是爸爸一个人的事了，它在每一个家庭成员的心上都是比天还大的事情，尽快治疗耳朵，才是在真正为家人着想。电影台词里说："一切疾病，本质上都是穷病。"扎心。经济上拮据，但绝不能在治病上省钱，病情会越拖越严重，家人也越来越担心，这才是最大的亏损与亏欠。

精彩片段回顾

"我的哥哥是一名国防生"

我的表哥是一名国防生，他在新疆与哈萨克斯坦的边界。他的工作非常辛苦，很少能回来，过年的时候也不能与家人团聚。

长沙同升湖实验学校
五年级（3）班　张凯瑞

【喊话】————————————————————张凯瑞

我很担心他的安全，因为那边天气不好，有的时候会很冷。不过，保卫祖国，无上光荣！

今天哥哥没能来到这里，但是，我想对他的女朋友说——

橘子姐，我希望你们两个能够结婚！这样，我就可以叫你嫂子了！

【回应】————————————————————哥哥

橘子姐：我一个人说了不算啊！我也好着急！如果要让我做你嫂子，你应该怎么跟你哥去说这件事情呢？

张凯瑞：我会说，希望哥哥这个月回来的时候，你们俩可以结婚！

哥哥：张凯瑞，我回来了！

张凯瑞：……

哥哥： 刚刚看见你在台上的表现，我很自豪！刚才你也谈到了，卫国戍边，无上光荣，是我们每一个边防军人的职责！现在你还是一名学生，你的职责就是努力学习，积极向上，成为你想成为的人，成为你自己的骄傲，你有没有信心做到？

张凯瑞： 有！

陈铭： 正常情况下，哥哥一年能见到凯瑞的橘子姐姐几次呢？

哥哥： 一年大概就一次。比如说这就是今年的唯一一次。

梁田： 你确定吗？后面还有大半年呢。

哥哥： 没有了，我们探亲假一年就一次。

橘子姐： 其实你不用担心，我一个人在家里会把自己照顾得很好，你的家人我也会兼顾得很好，然后我们的感情，我也会捍卫得很好。

陈铭：太浪漫了！凯瑞大概什么时候能叫橘子姐嫂子呢？有没有一个计划呢？

哥哥：明年！

陈铭：真的？

哥哥：对！

陈铭：这可是对着镜头的承诺，一言既出，驷马难追！谢谢凯瑞哥哥，谢谢橘子，祝你们永远幸福！谢谢凯瑞！

【精选留言】

@云想衣裳花想羚儿：我哥是驻港的军人，有时候一年连一面也见不着。不过想到我哥哥是一名保家卫国的军人，我到哪儿都很自豪，心里也有了一颗当兵的心！

@远点煽子：童音版的"保卫祖国，无上光荣"，却让人热泪盈眶，充满力量。

【陈铭观点】

谁不想天天陪在最爱的人身边呢？可是有一份保家卫国的职责在，就必须有所牺牲，为这位军人哥哥点赞！凯瑞说出"保卫祖国，无上光荣"的时候，是无比坚定、无比自豪的，可见哥哥给弟弟起到了很好的榜样作用。

精彩片段回顾

"爸爸，你准备什么时候结婚呢？"

我的爸爸妈妈在我六年级的时候就离婚了。半年前，我发现我们家卧室翻新了，换了新的家具、新的床屏，旁边还摆着一个十分女性化的梳妆台，所以我猜测，我爸爸可能要找新的女朋友了，可他什么也没告诉我。

湖南省常德市一中

高二（470）班　廖梓含

 【喊话】———————————————— 廖梓含

　　当时我心里特别难受，我本来打算阻止我爸爸（恋爱），后来偶然间，陈铭老师在节目中的一段话点醒了我，他说：<mark>青年人之所以选择开启一段婚姻，往往是因为浓烈的爱情，可是中年人不同，他们之所以选择开启一段新的感情，往往会选择把爱情放在靠后的位置，他们更多的是需要有个人来陪着他们面对生活。</mark>听完这些话后，我也明白了，其实家长也都不容易！

　　爸，你和妈分开都那么久了，我也长大了，能理解你了！你把卧室都装修好了，显然是奔着结婚去的，你还瞒着我干什么呢？所以，给我一个了解这个阿姨的机会吧！

　　我也衷心祝愿你和妈妈能找到各自的幸福。毕竟等我长大上大学了，还得有个人陪着你不是？

【回应】 ———————————————— 爸爸

爸爸： 爸爸现在正在恋爱，我大胆地承认。我觉得你真的长大了、懂事了，其实我也猜测你可能多多少少知道一些，我心里是这样想的，等你读大学了以后，我再把这件事情原原本本地告诉你，行不行？

廖梓含： 但是我现在已经知道了，你为什么要藏得这么明显呢？

爸爸： 我只是觉得爸爸正在恋爱，还没结婚。

廖梓含： 那你准备什么时候结婚呢？

爸爸： 等你读大学就结婚！

廖梓含： 好吧……最后我还想借这次机会，表达一下我对陈铭老师的感谢，是他的一句话在我迷茫纠结的时候，为我点亮了一盏明灯。所以今天，我想把我亲手画的画和写的信送给陈铭老师，谢谢你为我扫除了阴霾！

主持人： 梓含，非常感谢！你知道作为一个表达者，最开心的瞬间就是感受到自己的语言有了积极的影响。感谢你让我有了继续表达下去的勇气和信心！然后，我们现在对梓含爸爸还有一个小疑问，爸爸刚才也反复提及，想等到梓含上大学之后，再进入婚姻，您是真的觉得这个节奏是您比较舒适的节奏，还是说您有考虑到女儿的接受程度，才把这个婚期推到大学之后呢？

爸爸： 主要是考虑到女儿的感受嘛！

主持人： 但其实内心当中，还是想这件事情越快越好，是不是？因为房子都已经重新装修，梳妆台都装上了！如果您考虑到女儿的心情，在我们看来，首先可能要先倾听女儿真实的想法。也许我们做家长的，有的时候会一厢情愿地觉得等女儿上大学了，这样会不会容易接受一点？但也许那不是女儿真正想要的，对吧？刚才女儿梓含在舞台上很真挚地表达，她可能觉得父亲没有必要为自己来延缓节奏，那父亲会不会考虑，比如说高二，或者就现在开始，先吃吃饭、一起见面聊聊天，也许对女儿来讲这一两年的相处时光，也是她未来人生非常宝贵的回忆。为什么要等到她上大学之后呢？站在那个阿姨的角度来说，没准她会错过梓含人生当中非常美的青春的风景，对吗？

爸爸：好，我接受！

主持人：那您觉得什么时候安排见面比较合适？

爸爸：就周末吧！

主持人：那就这周周末好不好？就约好了。你跟爸爸约好一个时间，爸爸找一个非常浪漫的地方，那种烛光晚宴！

爸爸：行！

主持人：毕竟是这辈子的恋人与上辈子的情人在一起吃饭对吧？那个瞬间是特别幸福的！梓含，你也要把个关，把关一下这个阿姨能不能给自己的爸爸带来幸福，有什么真挚的想法，打开心扉跟父亲分享，喜欢或者是不够喜欢，或者怎么样……就实话实说。

廖梓含：好的！

【精选留言】

@小胖12112：好帖心的小棉袄，发现爸爸的新恋情，没有排斥，而是主动接纳。知道自己终有长大离开爸爸的一天，理解爸爸需要一个伴儿。女孩懂事的背后是对爸爸满满的爱。真正的爱是"你幸福"，而不是"我占有"。

【陈铭观点】

其实家庭氛围当中，无论是站在现在爸爸的角度，还是新进来的阿姨的角度，还是孩子的角度，最温暖的状态就是没有一方在委屈自己！有什么问题就真诚地分享、沟通、解决，相信一切都会越来越幸福。

精彩片段回顾

"妈妈，我想要个妹妹！"

小时候，妈妈总会拿给我生个妹妹，疼她不疼我，来吓唬总爱干坏事的我。

**山西大学附属中学
高一（339）班　张唯琛**

 【喊话】 ————————————————————————————————— 张唯琛

　　大家好，我是张唯琛。"琛"是珍宝的意思，所以我一直是家里唯一的珍宝。小时候，妈妈总会拿给我生个妹妹，疼她不疼我，来吓唬总爱干坏事的我。时间一年一年地过去，坏事我也干了一件又一件，还是没能盼来这个和我争宠的妹妹……

　　可我知道，他们（希望生二胎的想法）一直都没有放下过。老爸看到他朋友侯叔添了一个女儿的时候，羡慕得眼睛都发直了；妈妈也会常常念叨：你以后上大学走了，我和你爸可怎么办，你以后可不要娶了媳妇忘了娘，我生病了你可不要嫌弃我……

　　妈，每天晚上11点，你都会牵着我的小狗到小区门口等我下晚自习，那是我一天中最温暖也最愧疚的时刻！你和爸爸给了我唯一的爱，我也想让你们多一个可爱的女儿来疼你们！也请你们放心，我一定会好好照顾这个和我流着相同血液的妹妹，和她一起陪你们到老！

【回应】 ━━━━━━━━━━━━━━━━━━━━━━━━ **妈妈**

妈妈： 琛琛，因为你上完高中三年，很快就要上大学走了，妈妈只是想着，让你不论将来走到世界的哪一个角落，回想起你上学的这段时间，都有爸爸妈妈陪着你！其实在很多很多时候，你都能温暖妈妈，你会将学校里、生活中遇到的事情都跟妈妈讲。不是所有的家长都有这个机会，能跟孩子分享他成长的过程，所以妈妈很感谢你！儿子，妈妈心里也特别特别知足，都说儿子是小皮袄，可妈妈觉得你既是小皮袄，也是小棉袄！

张唯琛： 那你们俩放心，我一定会儿女同体！

妈妈： 妈妈不敢给你保证，肯定会有一个妹妹，咱们就是顺其自然！儿子，不管以后你会不会有弟弟妹妹，你永远是爸爸妈妈心中最最珍贵的宝贝儿子，你是最棒的！

【精选留言】

@森序：家庭氛围真的很重要，超级羡慕这种温馨幸福的家庭互动和亲人之间的爱意表达，能和父母分享自己所想、一起成长的感觉，看着就觉得阳光自信。我和我爸看得泪流满面还是不说话，反思自己。

【陈铭观点】

这一段感人心扉的"沟通"远比再要一个妹妹更有现实意义。父母已经完全理解了他对幸福家庭生活的向往以及需求。这要是有个妹妹，还不被"宠上天"？肯定又成了《少年说》中最常见的兄妹关系，就是最感人的、一听就会眼睛红、会被写成歌的那种兄妹。

精彩片段回顾

"对不起，我们还能回到从前吗？"

我有一个双胞胎哥哥，我们俩是云南民族中学唯一的两个阿昌族学生。但是，我们的关系却不像我们的身份那样唯一，也不像别的双胞胎那样亲密友好、心灵相惜……

云南民族中学
高二（3）班　李浩溶

 【喊话】 ——————————————————— **李浩溶**

说实话，我已经有好几年没有叫他哥哥了。

从初中开始，我们的关系就一直僵持，像陌生人一样：我们放学不一起回家，不一起吃晚饭，谁也不搭理谁，一年都说不上几句话，十分冷淡……

所以，今天我站在这里想和他说——

哥，以前是我先动手，对不起，我向你道歉！希望我们还能像以前那样亲密无间，好吗？

 【回应】 ——————————————————— **哥哥**

哥哥： 其实一直以来，我觉得都是我的错。不知道从什么时候开始，我们俩变得像陌生人一样，基本上一年也说不上几句话。从上幼儿园开始，你没有叫过我一声哥哥，我也没有叫过你一声弟弟，然后生日也是各过各的。我希望我们俩的关系能够通过这一次得到缓和，因为毕竟我们是亲兄弟，就应有亲兄弟该有的样子！

李浩溶：我希望你也能大声对我道歉！

哥哥：对不起！

李浩溶：我原谅你！希望我们以后可以找时间把我们曾经丢失掉的那些兄弟情弥补回来，一起回家、一起吃饭、一起打球，可以吗？

哥哥：好！

【精选留言】

@国民宥大宝：可能长大了之后，才会更加懂得亲情的可贵，好在他们此刻明白还不晚！青春就是这样，碰撞过后才更了解对方。

【陈铭观点】

双胞胎本该是最亲密的，却形同陌路，是因为沟通出了问题。其实他们两个人都想和好，遗憾的只是没人跨出第一步。其实，青春期不是必然叛逆，只是有时候要面子而已。然而很多时候，面子逼着人叛逆，面子逼着人遗憾。该放下什么，该拿起什么，这不仅仅是摆在兄弟俩面前的命题，更是我们每个人需时时自省的问句。

精彩片段回顾

"麻将每一生都可以搓，家人只有这一生才可能遇到"

今天我想对我的外公说——外公，您可不可以不要再搓麻将啦！

长沙碧桂园威尼斯中英文学校
五年级（1）班　黄钰江

【喊话】————————————————— 黄钰江

　　我的外公喜欢搓麻将，有时候搓到半夜12点才回家，回家了还要看电视，还会跟我抢电视看！

　　外公，我希望您今后不要再搓麻将了，多在家陪陪外婆！

【回应】————————————————— 外公和外婆

　　外婆：钰江，谢谢你这么关心外公！

　　外公：黄钰江，你把你外公描绘得一塌糊涂！我们年纪大了，打麻将是为了预防老年痴呆。

黄钰江：你不打麻将，也有其他的方法呀！

　　外公：我可以按照你的要求少打麻将，如果我做到了，你要给我什么奖励？

黄钰江：你做到了就可以让外婆开心，这不就是最好的奖励吗？

外公： OK！好！

黄钰江：麻将每一生都可以搓，可是家人只有这一生才可能遇到，下一辈子就
　　　　可能不是原来的家人了！外公，家人才是最重要的！

【回访】

黄钰江：我的外公去健身了，他会跑步、做器械。他打麻将的次
　　　　数少了，他对外婆也更亲热了，我们一家人都很开心！

导演组：确实家人只有这一生才能遇到，下辈子可能就不是原来
　　　　的家人了。所以一定要珍惜眼前人，多陪伴家人。

【精选留言】

　　@秋言秋娱：小小年纪就能如此懂事，说出如此有哲理的
话，未来可期。少年，看好你！

【陈铭观点】

　　"麻将每一生都可以搓，可是家人只有这一生才可能遇
到……"说得多好！很多家庭都曾因为打麻将闹过矛盾。老年人
没事打打麻将，可以打发时间，锻炼脑力，不过还是要适当，多
陪陪家人。另外钰江快速的语言反应能力，令人惊艳！最后几个
问题每一个都回答得让试图挣扎一下的外公哑口无言。

精彩片段回顾

第二章

校园

生活赋予我们一种巨大的和无限高贵的礼品，这就是青春：充满着力量，充满着期待、志愿，充满着求知和斗争的志向，充满着希望、信心的青春。

——奥斯特洛夫斯基

Life gives us a huge and infinitely noble gift, this is youth: full of strength, full of expectation and volunteerism, full of ambition to seek knowledge and struggle, full of hope, confidence of youth.

——Ostrovsky

"有男同学欺负你，给我打电话！""我们要做一辈子好朋友！""我会优秀到让你来认识我！"……

　　那一份青春的悸动，你还记得吗？

　　"老师，我想对您说""我逃课上网时遇到了班主任……""老师，我们都非常喜欢你！"……

　　那一声"老师"，给你的人生带来了什么样的改变？

　　同窗之情、师生之谊……关于校园的记忆，是青春独有的风景。

　　校园是少年进入社会前的最后一道"关卡"。进入校园，意味着少年拥有了人生中第一份职业——学生，他们将在这里迎来暴风成长，直到展翅飞翔。

　　对于我们这一群年轻导演来说，校园话题从来都备受青睐：因为身材被嘲笑，却在遇到温柔的男同桌后重拾勇气的"同桌的你"；纠结于"我保护你"还是"你保护我"的青梅竹马；即使成绩只是中等水平，也敢于向"学霸"下战书的霸气少女……每一个校园故事都将我们带回那一段青葱岁月：宽大的校服、操场的慢跑、夏日的蝉鸣、昏昏欲睡的午后……感谢这些少年帮我们重拾悸动，他们的每一段喊话都让我们由衷地感慨：哦，这就是青春啊！

　　所谓青春，"如初春，如朝日，如百卉之萌动，如利刃之新发于硎"，勇锐盖过怯弱，进取压倒苟安，气贯长虹，千金不换。那一句掷地有声的誓言，那一份一往无前的勇气，那一颗滚烫炽热的心……如果你不小心遗失了，那么就和少年一起，重走青春之路吧！

　　这一章节的少年喊话，讲述的是少年在校园的青春故事。

第 一 节　 我 们 单 纯 的 小 美 好

"有男同学欺负你，打电话给我"

初中的时候，我总被班上的男生嘲笑胖，也因此变得有些自卑和胆小，对男生充满了恐惧。

长沙同升湖实验学校
高三（3）班　王馨

 【喊话】 ——————————————————— 王馨

　　直到高一，我遇到了我的第一个男同桌。他虽然长得很凶，却是一个超级暖的人！他从来不会嘲笑我的身材，也会倾听我的烦恼，甚至会跟我诉说他的心事……

　　因为他，我才能变成现在这个乐观的自己，变成这个有勇气站上勇气台的自己，变成自己三年前想也不敢想的人！

　　李铭浩！我想对你说——谢谢你！很幸运能成为你的同桌。希望我们毕业后，你也能遇到一个让你变得更优秀的人！就像我遇见你一样！

【回应】 ———————————————————————— 李铭浩

李铭浩: 王馨,也很感谢在高中,你成为我的同桌。我不是一个学习很主动的人,有时候会在课上走神,每次都是你提醒我、督促我,非常谢谢你!去了大学以后,如果还有男同学欺负你的话,打电话给我,好吗?

王馨: 好!

 【精选留言】

@也旧白:想起了《最好的我们》:"这时的他是最好的他,而要过了很久之后,我才是最好的我,这中间,隔的是一整个青春。"

 【陈铭观点】

清新,真好!清澈,真好!青春,真好!那些年,你会想起哪个同桌?可能有些女孩子曾遭受过来自男孩子或多或少的嘲笑,我认为这是一个很不好的行为。铭浩对同桌的关爱是一个真正男子汉应该做的事,保护女孩子,相互帮助,你保护我,我督促你学习,这才是朋友、同桌相处的最佳方式,甚至彼此还做着约定要一直保护女生。一个男生的担当,一个好朋友的爱护,这才是我们想看到的校园友谊、同桌间的真挚感情。

精彩片段回顾

钰魁，谢谢你在我孤单的时候告诉我，还有人真心喜欢诗词！希望我们都能不负初心！

河北正定中学
高二（15）班　王少宁

 【喊话】——————————————————————王少宁

我之前的后桌叫张钰魁，他是一个非常幼稚的小孩，每天自娱自乐。但是，因为一次偶然的机会，我发现他竟然也喜欢诗词，这让我们成了特别好的朋友！

他不会不懂装懂，会很谦虚地问我纳兰性德和纳兰容若的关系，作为纳兰粉的我，很开心！

有一天，他拿着周记本跟我说：我把你写进周记里了！我拿过周记本，发现他写了一句"换座位把我前桌一个古风小姐姐换走了……"。当时我的内心百感交集，我们之间有分开的难过，也有遇知音的喜悦。我就填了半首《钗头凤》给他，下午他填了后半首。

虽然不是前后桌了，我还是想跟他说，钰魁，谢谢你在我孤单的时候告诉我，还有人真心喜欢诗词！希望我们都能不负初心！

（《钗头凤》上阕）"离歌奏，催人瘦，一别此后堪说休。谁谙谙，难自宽。一台青案，半片信笺。欢欢欢！"

155

【回应】━━━━━━━━━━━━━━━━━━━━━━━━━━━张钰魁

张钰魁：（《钗头凤》下阕）"今当别，心难安，相聚无期何言还。缄尘烟，醉陌年，千钧心话，鸿雁难传。叹叹叹！"王少宁，谢谢你，用诗词点亮了我的一片天空，以后还请把你的纳兰公子分享给我吧！

王少宁：好，我一定会把我的纳兰公子全部分享给你！

【精选留言】

@松花酿酒wine：年轻真好，一颗小石子都能激起千层涟漪，有人与你填词，共你赏诗。

@波涛：知己是建立在大量相似性的基础上，而两个完全不一样的人，很难共同拥有大量的相似性，有的人可能一生都遇不到。所以知己难逢，要好好珍惜！

@子规：人生原本是一段孤独的旅程，因为遇到一个彼此懂得的人，而变得美好。这个年纪的我没有这份幸运，所以真心为他们开心。两个少年在众人面前说出心中所想，需要多么大的勇气。看他们一度哽咽，我也湿了眼眶。人生的路那么长，从此以后你们都不会孤单了。

【陈铭观点】

纳兰粉，这朋友交得多有深度！能共同把一首词填完，而且浑然天成，非常非常难得。他们对词的理解，对《钗头凤》的理解，以及对换座位这件事情的理解，还有离别的理解，都出奇地一致！道相同，方为谋，真心希望这段友谊地久天长！

精彩片段回顾

我有一个好朋友，她叫伊思淇。她是世界上除了我妈妈以外，对我最好最好的人！

湖南广益实验中学
高三（7）班　李嘉钰

 【喊话】 ——————————————— 李嘉钰

　　有一次，我生病发烧，她一大早第一个起来去食堂给我排队买粥。每次在我生病、被骂的时候，都是她陪着我。她跟我说，不管发生什么事情，她都会永远站在我这一边，永远支持我、保护我！

　　但有一天，她在我们班上唱了一首《小幸运》，被我们班很多人笑了。虽然她没说，但我知道她心里很难过……

　　伊思淇！我要告诉你，虽然在别人听来，你唱歌没有那么动听，但是在我心里，你唱歌是最好听的！

　　伊思淇，我会一辈子陪着你！因为你就是我高中三年的"小幸运"！

　　你今天愿意陪我唱这首歌吗？

【回应】 ——————————————————————— 伊思淇

伊思淇： 虽然我平时不愿意唱歌，但是因为你，我愿意！

  合唱： 三、二、一 ^(唱) "原来你是我最想留住的幸运……"

伊思淇： 我希望很多年之后，我们还是很好的朋友！也希望回忆起在广益的高中生活，我们会开怀大笑，也会遗憾时间太短。希望你在明年能去到理想的大学，去到自己向往的城市。不管遇到什么你都要好好的，遇见你是我的幸运！

  李嘉钰： 我想跟你说，不管遇见什么事情你都要开心一点，跟我一样。不管以后遇到任何困难，你都要跟我说，我会一直陪着你，加油！

【精选留言】

@你乃我所欲：我曾经也拥有过这样的友情！可惜那个时候年少轻狂，不知道自己拥有着一个多么珍贵的宝藏。最难过的不是没有拥有过，而是曾经拥有。

【陈铭观点】

为什么坐在《少年说》屏幕前那么容易掉泪？白璧无瑕最动人。纯白是只属于青春的色彩。你在我生病时照顾我，我在你被别人嘲笑时安慰你，我们互相是对方的"小幸运"，更是一份安安稳稳的"小确幸"。真好！

精彩片段回顾

"总有一天，我会优秀到让你来认识我！"

鲁云龙同学，希望你知道你有一个默默支持你并以你为榜样的人，正在变得越来越优秀！

湖南省常德市第一中学
高二（471）班　徐子晴

 【喊话】———————————————— 徐子晴

　　高一刚入学的时候，我就听说了关于一位学长的传说！知道了羽毛球社有一个羽毛球打得很好的学长。高二、高三连续两年的运动会，你报名参加100米比赛，都没有取得好成绩。但我很敬佩你不怕输、敢在同一个地方跌倒两次的精神！

　　一开始，我以为你只是体育成绩好，直到后来在月考红榜上，我看见了你的名字，我很惊讶，没想到你的文化成绩也这么好！

　　从那以后，接近你、认识你，成了我努力学习的动力。就这样，每次考试我都进步一点点，这次期中考试我又进步了，我马上就进入年级前80名了！我会一直把你当成我的一个目标，希望你能不断进步，我也是！

　　高三（458）班的鲁云龙同学，今天，我想对你说——

　　希望你知道你有一个默默支持你并以你为榜样的人，正在变得越来越优秀！我希望这也能成为你的一种动力。

　　你还有半年就要高考了，希望你能去到你最想去的城市和最喜欢的大学，回忆起你的高中时代，依旧是美好怀念又不留遗憾。希望你能向着自己的目标不断努力，前程似锦，未来可期！

我也会不断努力！总有一天，我会优秀到让你来认识我！

 【回应】———————————————————— **鲁云龙**

鲁云龙： 亲爱的陌生人，我想对你说，其实我以前也是一个很自卑、不知所措、不知道前途是什么样的人。但我觉得，你如果想让自己变优秀，就只有撸起袖子加油干。我还想对你说，真的很谢谢你，刚刚听你说话的时候，我很感动，因为你让我知道还有人在关注着我，我可以给别人带去光芒，用自己的优秀来促进别人的优秀。你说你要优秀到让我认识你，我想说，希望我在大学毕业之后，回到一中的校园，看到一中月考红榜上有你的名字，而且，你是要在前面的那几个！

徐子晴： 好，我会努力！我还想问你一个问题，我想知道你最想去哪所大学。

鲁云龙： 我没有特别想去的大学，但是我特别喜欢一座城市，那座城市叫南京。如果你也喜欢这座城市的话，再过一年或者两年来找我吧！

徐子晴： 我会努力的！我一定会努力去你所在的城市！

【精选留言】

@甜甜猪崽_：这就是青春最棒的样子吧！你是我的光，我向着你生长。

@一棵梅子：校园的情谊，榜样的力量，优秀的你，是靠自己拼搏出来的。总有一天，你也会成为散发光芒的人！

@暴暴牙医_小清风：年轻真好，也许最开始只是为了更靠近仰慕的人，才努力让自己变得更优秀，但后来才发现那种动力还是来自内心本源。

【陈铭观点】

喜欢这位小伙子，欣赏这位小姑娘。有的学长真的是校园里的一道光，会让接触到的生命都焕发出七彩的虹！学长可能都不知道自己变成了别人的榜样，并且激励着别人努力、上进，变得更加优秀。有时候世界就是这么奇妙，我们可能永远想不到自己一个无意间的举动会给别人带来什么，所以这个世界还是很美好的，因为它充满了无数种可能。优秀的人连身边的人也会变得更加优秀，这就是榜样的作用，它激励着每一个接触它的人。

精彩片段回顾

今天我想对我的好朋友朱娅萱说：我知道七年级的时候，你不是很喜欢我，认为我是一个无足轻重的人。

湖南平江思源实验学校
初二（15）班　李家成

【喊话】———————— 李家成

　　但是，自从九年级我们成为同桌之后，你总是竭尽全力地帮助我，在我犯错误的时候指正我，带着我一起努力学习。如果没有你，我也不会取得这么大的进步，真的非常感谢你！

　　我们马上就要毕业了，我希望，我们能考上同一所高中、同一所大学！然后，各自成家立业，做一辈子的好朋友！可以吗？

【回应】———————— 朱娅萱

朱娅萱： 可以啊！我很庆幸能和你成为朋友，希望我们以后也能像现在这么快乐，做永远的好朋友！

李家成：朱娅萱，我们一言为定！

【精选留言】

@咕叽咕叽：小孩子的话真是让人又哭又笑，互相鼓励支持，希望所有好朋友之间的缘分都能维持久一点，即使各自成家立业，也不忘曾经。

@金小小：看完之后很想回到小时候，成年之后一切变得身不由己，朋友走向各自的人生轨道，追寻不同的理想，能不能交会也是未知，要是时间可以倒流就好了。

【陈铭观点】

少年之间的感情很纯粹，但也会悄悄衡量比较自己在对方心目中的地位，有时候是小心翼翼的，但正说明在乎对方呀！好朋友互帮互助，共同学习，共同进步，这样的友谊十分难得，希望两人的友谊一直保持下去，就像他们说的一样，要做一辈子好朋友！

精彩片段回顾

"你能不能像个男子汉！"

在我和黄麒源两个人的世界中，我们的关系就像一幅心电图，起起伏伏……

重庆外国语学校
初一（15）班　鲜丰蔚

 【喊话】 ——————————————————————— **鲜丰蔚**

我们的关系从开学起就一直很好，我们甚至在开学第一周就见了双方的家长！

可是，据我所知，你在这学期结束之后，就要被妈妈带走了。我不知道你为什么要转走，也许是因为你的成绩下降了吧。

黄麒源！我想告诉你——

跟你同学这么久，我已经把你当作自己的一个亲人！我不想你因为成绩的问题而离开这所学校、离开我们！

当然，你也不想离开，对不对？

 【回应】 ——————————————————————— **黄麒源**

黄麒源： 对，我屁股底下的板凳还没坐热，我不会走的！

鲜丰蔚： （15）班同学们，你们也不想，对不对？我不想在这美好的初中生活中少了你这么一个最好的朋友！刚好今天黄阿姨在这里，黄麒源，你能不能像个男子汉一样做出承诺！把你的学习成绩提升起来，让你的妈妈把你留下来，好不好？

黄麒源： 好！

黄麒源妈妈： 那以后要怎么做呢？

黄麒源： 我以后要好好学习，要期末考了，我一定会努力，一定会进步的！

鲜丰蔚： 加油！

黄麒源妈妈： 我觉得这件事的决定权就在于你们。黄麒源，如果你能兑现你今天的承诺，鲜丰蔚，你作为他最好的朋友，在以后的日子里希望你们能够相互帮助，共同进步，那么黄麒源就一定会在你身边，不会走的！黄麒源、鲜丰蔚，这学期期末考就看你们的表现了！

【精选留言】

@凡妮诺：小小的少年，为了能一直留在彼此身边，你们一定要好好加油！未来路漫漫，你们要紧紧牵住彼此，千万别走散了呀！

【陈铭观点】

开明、聪明甚至高明的妈妈。这一次勇气台交流之后，孩子收获了什么呢？一、友情万岁。一段至真至诚的友谊关键时刻能力挽狂澜。二、勇气无价。挺身而出，为朋友大声疾呼；走上台来，与母亲真诚以对。这都是勇气的效果与力量。三、一诺千金。当众对母亲做出的承诺，拼尽全力也要实现。四、自己的未来握在自己的手中。只有全力去改变，不想出现的未来才会离自己而去。友谊、勇气、重诺和自立，同时收入麾下，价值几何？这就是优秀教育的力道。一石四鸟，一课千金。

精彩片段回顾

"我今天是来下战书的！"

黄博！我们中考一决高下！怎么样，敢不敢？

厦门五缘实验学校
初二（1）班　姚尧

 【喊话】 ———————————————————— **姚尧**

我今天是来下战书的！

请初二（4）班的黄博，给我听好了——

总有一天，我会超过你的！

我把我的战绩说出来，说出来你都害怕！上学期期末，我还是年级最后一名，309名，到了这学期，我已经是150名了！照这个速度下去，超过你只是时间问题！

 【回应】 ———————————————————— **黄博**

黄博： 你要挑战我，是吗？

姚尧：对！

黄博： 你想好了吗？

姚尧：想好了！

黄博：没有问题，我接受！我曾经没有目标，不知道要考哪所学校，既然你现在下了战书，那我就很清楚地告诉你，我们就赌赌谁上"一双外"！敢不敢？

姚尧：敢！

黄博：我再添一个赌约，输了的那方，中考公布了名次之后，小卖铺的饮料，⑴他包了，敢不敢？

姚尧：敢！

（"一双外"指的是厦门市三所重点中学：厦门一中、厦门双十中学、厦门外国语学校）

【精选留言】

@农泉泉23：那些看起来带着少年气的"战书"，实际上是意气风发的约定，是我们想要努力追赶的目标！

@Plll：真好！无所畏惧地说出自己的想法，自信满满地接受挑战。不要让时间冲刷了自己的骄傲！不要让，不要退，不要害怕！

【陈铭观点】

青春到底迷人在哪里呢？女孩上完台喊完话，青春的美好展露无遗。不要面子，不怕丢人，你追我赶与永不服输，午后斜照的光线射穿了所有人性的虚伪，只剩下纯粹与真诚。

精彩片段回顾

今天我想对我最好的朋友钱致远说：我一年级刚入学的时候，一个朋友也没有，每节课下课都没有人陪我玩，也没有人跟我聊天，我每天在学校里的生活都很寂寞。那时候，彭老师刚好换同桌，我的同桌恰恰就是你！

厦门市音乐学校

三年级（3）班　陈洁

【喊话】 ——————————— 陈洁

你是一个很有幽默感、学习成绩很好的男生，因为向你学习，我才能变得像今天这样优秀！

你再过两个月就要去上海读书了。你知道吗，我非常舍不得你！

今天我给你准备了一份小礼物，希望你去了上海，也能一直记得我，记得全班同学以及老师，我们还是最好的好朋友！

【回应】 ——————————— 钱致远

主持人：致远，你为什么眉头紧锁？

钱致远：我紧张得要死！

主持人：为什么紧张？

钱致远：我怕下面的人传绯闻……

　陈洁：你以为就你怕啊？

主持人：所以越是这样，越要用行动告诉大家，你们真的是非常珍惜彼此的好
　　　　朋友。刚刚你听陈洁跟你说完了，你有什么想对她说的吗？

钱致远：你成绩非常好，我也要向你学习，我在你身上也学习了很多。你也是
　　　　我非常非常好的朋友，我也很舍不得你！

主持人：陈洁，你的这个礼物是什么？

　陈洁：这是去年彭老师因为我表现好送给我的，然后我希望他去了上海，可
　　　　以一如既往地优秀，也可以经常受到老师的表扬。

【精选留言】

@**明明就偏偏还：**总角之宴，言笑晏晏。

@**我爱吃肉肉：**希望你们都能记住彼此，很多年以后还会想起来上学的时候，有个很好的同桌，是彼此青葱岁月里一段抹不去的回忆！

@**Soul mates：**希望那座城市的繁华，不会落幕你的优秀。希望那座城市的孤独，不会遗忘这份纯情。此去愿君金鳞遇风云，归来依旧是少年。

【陈铭观点】

不要在意身边同学们的眼光，三年级的时候这种<mark>这么纯粹、这么纯洁的友谊关系，真的是人生当中最难得的财富。</mark>谁说男女生之间就不能有纯洁的友谊，大家像朋友一样相处，相互陪伴，互帮互助。这样好的朋友，在分别的时候，谁都会舍不得，因为值得，所以惺惺相惜，不忍告别。这样的朋友，我们肯定会永远记住，永远庆幸相遇、相识、相知。

精彩片段回顾

"因为我要保护你，一直保护你！"

你说过，只要我的个子一天比你矮，你就一天不许别人欺负我！

湖南桃源文昌中学
初一（7）班　蒯添文

 【喊话】 ──────────────────── **蒯添文**

今天，我想对我的好朋友龙鹏说，感谢你这八年来对我的照顾！

从小，我的个子就很小，别人总是欺负我，抢走我的玩具。

你虽然个子比我高不了多少，但你总是会在第一时间站出来保护我！不许别人欺负我！

我们现在不在一个班了，你说过，只要我的个子一天比你矮，你就一天不许别人欺负我！

龙鹏，我一定要多吃饭，长得比你还要高，换作我来保护你，好吗？

 【回应】 ──────────────────── **龙鹏**

龙鹏：不好！

蒯添文：你就这么喜欢保护我吗？

龙鹏：因为我要保护你，一直保护你！

【精选留言】

@mfuof：大大咧咧的男生细腻地记住朋友的保护，渴望成长为更强壮的男子汉。男生之间直白却细腻的感情，对成长的渴望和对朋友的依赖让人羡慕，想起了小时候一起疯玩的发小，互相保护着就长大了。

@草莓三千_只取一颗：还是能轻易说出保护你的年纪，真好。

@煎妮摊饼：这比小说更让人感动，果然艺术来源于生活，却赶不上生活的真情实意。

精彩片段回顾

【陈铭观点】

兄弟间的友谊！你保护我，我也想变强大来保护你，孩子之间的约定和承诺就是那么的真挚。希望这对好兄弟能够一直走下去，保护彼此，也能变得更加强大，保护更多的人，成为真正的男子汉！

第 二 节　　桃 李 与 园 丁

"老师，我想对您说"

廖老师，现在再给您一次机会，您还会这样说吗？

长沙青竹湖湘一外国语学校
初一（16）班　周宇翔

【喊话】───────────────────────── 周宇翔

我在小学的时候，最喜欢的老师是我们班的廖老师。

她上课很有趣，平时也非常关心我们。

但是，在我们小学快要毕业的时候，我们因为不听话而被她骂了一顿。她说："你们这群小狼崽子，就算你们毕业了，我也不会想你们的。"

廖老师，我们那么喜欢您，您不知道吗？现在我想再给您一次机会，您还会这样说吗？

【回应】 ───────────────────────────────── **老师**

老师： 我首先跟你说一句对不起！如果再给我一次机会，我不会说这样的
话。也许这一次道歉，的确是迟到了，但是我希望你遇到其他同学的
时候，把廖老师的这一声歉意表达给他们，好吗？

周宇翔：好的！谢谢廖老师！

老师： 周宇翔，不要哭，不要哭。当老师说出那句话的时候，我真的没想到
会伤你伤得那么深，孩子！

周宇翔：我想对您说——我们都非常喜欢您！

老师： 谢谢孩子！谢谢你们的爱，谢谢！

177

【精选留言】

@落叶秋：作为一个老师，看到这个视频突然警醒，平时生气也会跟孩子们说气话，没想到他们都当真了，看来以后不能随便说这种话了。孩子们太单纯了，他们这么喜欢老师，老师怎么能让他们伤心呢？

@风尘仆仆36：师生之间有误会很正常，误会化解了，就是一个很暖心的故事啦！孩子们的感情都是很纯粹、很真挚的。

【陈铭观点】

老师，是绝不能随意说话的一个职业。任何一粒话语的石子，都可能激起远超你想象的涟漪。而老师，又是特别容易说反话、说气话、说狠话的一个职业。挫折教育、激将教育、对比教育，再多的听起来专业的辞藻堆砌都敌不过一道又一道孩子内心的划痕。老师到底该怎么讲话呢？讲真话，讲实话，讲理性的话，讲公正的话，尽可能摒弃情绪、摒弃偏见、摒弃面子，孩子和教师自己，都将收获更完整的人格。

精彩片段回顾

"我 想 一 直 吃 您 给 我 做 的 炸 馍 片！"

178

今天，我想对我的语文老师说，初中的时候，我的爸爸妈妈经常吵架，你为了不影响我的心情和我的学习，就把我带到你那里去住。

内蒙古师范大学附属中学
高二（15）班　杨俊

【喊话】 ——————————————— 杨俊

我喜欢吃您给我做的莜麦菜、炒鸡蛋，还有炸馍片，您炸的馍片只有我才咬得动！您还带我一起上下学，陪我一起看电影，像妈妈一样照顾我。

有一次，学校下了晚自习，我说我想要听音乐，您马上去买了MP3给我。住宿期间，我的鞋子坏了，本想请您通知一下我的爸妈，您却直接给我买了一双新鞋……

初中毕业，您成了我的干妈。因为我觉得比起老师，您更像我的妈妈！但您总说，我长大了就不需要再管您了。但是，我想一直陪着您，陪着您慢慢变老，一直吃您给我做的木耳炒油菜，还有只有我才嚼得动的炸馍片！

【回应】 ——————————————— 老师

老师：杨俊，今天的你特别耀眼，特别帅气！我忘不了很多的事情……有一天晚上，你爸爸拎着一瓶蓝色的蒙古王来我家，他的目的也是想叫你回去。我担心你爸爸回去后重犯以前的错误，从没喝过酒的我陪你爸爸喝完了这一瓶酒，我喝完之后，你爸爸心满意足地说："老师，让杨俊在你家继续待着吧！"我想让你上更好的高中，我不想你因为家庭受到更大的牵连。你是别人家的孩子，但是我早已视你如己出，你在我心里，和大米、小米的地位是一样的，你们都是我的心头肉。老师今天就想跟你说，在未来的日子里，不管生活过得多么艰难，都一定要相信你不仅有亲爸亲妈，还有我这个干妈。我家里的那盏灯，永远为你点亮！累了困了的时候，一定要记得回家，好吗？

杨俊：干妈，我爱您！

【精选留言】

@段宜恩的每一天： 会感恩的小孩真的温暖又贴心，他将感受到的爱意化作言语，化作动力，以后还会变成更多更多的能量，不仅对老师好，对身边的人也是。你看他如此感恩老师，却也没有对父母有任何抱怨，真好！

@HelloLily酱： 老师不仅是一个职业，更是心灵的救赎者！

@胖鱼儿： 一个好的老师真的会改变一个人的人生。高中的时候因为家庭情况不好，完成学业很难。班主任知道后帮我垫付了学费，每天带我回家吃饭，为了让我少些不安，她让我把这一切当是借的，等长大有能力了再还给她。现在我已经大学毕业，她也已经退休，每年我都会回去和她过年，没有她的话不知道现在的我会是什么样。

【陈铭观点】

特别好，希望杨俊以后逢年过节不要忘了去干妈那里走一走，坐一坐。看起来像个"浑小子"，但是你能感觉到他重情重义，心底非常汉子，非常有担当。他知道谁对他好，而且一定会付出行动把这个好加倍地还回去。在成长过程中能够遇到这样的贵人、善人，他是幸运的。未来人生路道阻且长，希望他一定要好好珍惜！

精彩片段回顾

"老师，说好的以身作则呢？"

听说"勇气台"是一个让人更有勇气的地方，老师，您快上来吧！把您没说出来的话说给爸爸听！

河北正定中学
高二（8）班　俱子怡

 【喊话】 ———————————————— **俱子怡**

　　每到班会课的时候，班主任辉辉老师总给我们讲：要感恩父母，要主动地向他们表达爱、要勇敢地对他们说出"我爱你"。

　　但是，有一年父亲节，辉辉老师说要现场给大家做示范，然后当着全班同学的面给他爸爸打电话，电话接通之后两人聊了好久，最后辉辉老师还是没能说出"我爱你"三个字。

　　辉辉老师，说好的以身作则呢？听说"勇气台"是一个让人更有勇气的地方，老师，您快上来吧！把您没说出来的话说给爸爸听！

 【回应】 ———————————————— **老师**

　　老师：俱子怡说得没错，我在教每一届学生的时候，都会教他们感恩父母，

　　　　　对父母多一分理解，敢于对父母说出"我爱你"。确实非常遗憾，我

个人几乎没有做到。我不善于向父母表达我对他们的爱，都藏在了心里面。因为今天比较突然，老爸老妈不能来到现场，但是我要完成之前的愿望，就是给老爸老妈打个电话，希望大家给我勇气！

学生们：加油！

老师： 爹，你们在干什么？

（老师）**父母：** 我们在干活呢。

老师： 咱又不缺钱，就不要在外边干活了，该吃点什么就吃点什么。

（老师）**父母：** 嗯，行。

老师： 别老省着钱。

（老师）**父母：** 嗯，我知道。

老师： 有一句话一直没有给你们说过："爹、娘……我爱你们！"非常感谢大家今天给我勇气，我活了40年，这是我人生中第一次对我的爸妈说"我爱你们"！其实我在给爸爸妈妈打电话的时候，手一直在发抖，但说完以后如释重负，因为并不是你每天都有机会对爸爸妈妈说你爱他们。谢谢大家！

【精选留言】

@杂七杂八90：只要父母在，我们永远都是孩子。老师其实也是小孩子，一个不会表达心意的孩子，以身作则，希望所有孩子不要到了老师这个年纪，才对父母表达爱。

@Tang汤胜新：我爱你，可以轻易对爱人说出口，但对最亲的父母却难以开口。爱就要大声说出来！

【陈铭观点】

我觉得辉辉老师刚才这句话说得特别好，不是每一个普通人，在每一个普通的日子，都有勇气和机会跟爸妈说出这句话。每一个不同年龄阶段的人，都有表达沟通的强烈诉求，但是由于某种生活的惯性，我们按压在心中，一直没有说出来的勇气。如果我们这个勇气台能走到更多的地方，走到更多的年龄阶层，走到更多的工作环境、职业，每一个人都有机会说出他最嘹亮的声音，这可能是这个勇气台最宝贵的地方！

精彩片段回顾

如果能再给我一次选择的机会，我还会选择让我的爸爸做我的班主任！

河北正定中学
高一（15）班　焦亿嘉

【喊话】 ———————————————————————————— **焦亿嘉**

　　我爸跟我妈都是初中老师，在我小学毕业的时候，我就特别害怕，万一我落到他们手中怎么办？万幸的是，我妈去教我的上一届了。就在我暗自窃喜、走进初中校门的时候，我爸宣布他成了我的政治老师！

　　我爸不仅在学习上管我，回到家还跟我妈商量如何对付我……我安慰自己，不就是一门政治课吗？没事，能扛，忍忍也就过去了！

　　可谁又能想到，初三的时候我爸竟然成了我的班主任！我觉得，在这种艰苦的环境下我尚能生存，以后也没什么困难能难住我了。也正因为如此，我养成了良好的学习习惯和学习态度。

　　如果能再给我一次选择的机会，我还会选择让我的爸爸做我的班主任！

　　我觉得很多年后回想起来，我最喜欢的班主任是我的爸爸，我也会感到特别骄傲！

【回应】————————————————————————————————————— 爸爸

爸爸： 你说你刚上初中的时候，特别害怕我当你的老师，你以为我愿意当你的老师吗？我当了十几年的班主任，你是我遇到的第一个不听班主任话的孩子！我经常做别的学生的工作，可是你的工作，我得请校长来做！你知道你中考完第二天，我为什么带你去旅游吗？

焦亿嘉：庆祝我毕业！

爸爸： 错！不是庆祝你毕业，是为了庆祝我解脱！

【精选留言】

@猫敲林：我妈是我高中三年的年级主任，全校老师都是她的耳目。

@哈牛选手的噗桑：小学六年级的英语老师、数学老师是我妈学生，初中三年班主任是我妈，开家长会根本不会慌，因为每天都在开家长会，唯一的优势就是我一进班，同学们就会立即停止说说笑笑，因为我一来就预示着班主任即将到来。

@猫和大米：有这样的爸爸真好，可以全程陪伴孩子的成长，鼓励孩子、纠正错误，这样的孩子也一定会成长为榜样吧！

【陈铭观点】

爸爸也真不容易呀，不是庆祝你毕业，是为了庆祝他解脱！很多做老师的家长，培育了不少学生，但面对自己的孩子却不知所措了。虽然爸爸成了自己的班主任，亿嘉压力很大，但其实爸爸压力更大，因为爸爸做班主任这么多年，只有你这么一个学生拿不下来。但这种压力也是好的，可以督促亿嘉养成好的学习习惯，好好努力学习。无论是作为父亲还是老师，都是为了孩子更好。

精彩片段回顾

"我的口红被班主任折断了！"

我想借这个机会，对葛老师说一声对不起！我保证，以后再也不欺负您了！

**天津泰达枫叶国际学校
高二（1）班 范天源**

【喊话】 ———————————————— 范天源

今天我站在这里，想对我的班主任葛老师说——

之前他在我们班的讲台上找到我的背包，又在里面发现了一支口红，那是我本来要送给妈妈的生日礼物！

可能是出于好奇，他就把它给拧出来了！就在这时，我突然进班发现了他的行为。我以为他是想没收我的口红，于是就上前去抢，就在抢的过程中，因为操作不当，我的口红被他折断了！我相信在场的所有女生都能理解我当时的心情！

这事发生以后，我们两个就没有再多的交谈，误会也一直没有解开。所以今天站在这里，我想借这个机会，对葛老师说一声对不起！范天源在这儿保证，以后再也不欺负您了！

【回应】 ——————————————————————————————— 葛老师

葛老师： 范天源，其实我一直想跟你说，在那个时候，你冲了进来！那时那刻、那时那景，你使用了"闪现"的技能，你"闪"到了我的面前，那一切发生得太快了！我真的不知道这支口红，它是怎么可怜地在我手里头断掉的……我的内心在那个时刻真是太崩溃了！但是，范天源，我想对你说，你就是——"马大哈"！

范天源： 停！（1）班的同学们，我是不是"马大哈"？

同学们： 是！

葛老师： 我们相识一年的时间，我捡到你很多东西，手机至少捡了五次，还有笔记本电脑，至少捡了三次！还有校服、快递、饭卡、教材、书包……我算了一下，我直接给你挽回的经济损失，至少得有两万块。这你怎么解释？你是不是一个"马大哈"？

范天源： 葛老师，我告诉你，虽然我丢过很多东西，但我从没给你丢过人！

葛老师： 我相信你！你一直是我一个很好的得力助手，把重要事情交给你去做，我非常放心，也希望你以后能把事情做得更好、更漂亮！

范天源： 坚决完成任务！对了，同学们让我给您带个话，希望您好好休息、注意饮食，您看您的肚子，西服都扣不上了！

葛老师： 我一定要努力改善我的作息时间，不再让我的黑眼圈吓到你们，也让我的肚子尽量往回收，每天多锻炼身体，把一个健康的、漂亮的、帅气的葛老师展现在你们面前！

【精选留言】

@woferf：好多误会其实都只是差一个突破口，小姑娘大方直率，敢于表达，迈出第一步，班主任也温和幽默，在玩笑中误会就解决了，师生相处的范本！

@弦樂萌萌哒：羡慕这种开朗的女生。其实有很多像我这样内向的学生，即使遇到这种好老师也不会和老师太亲近，这种亦师亦友的关系一定也是青春里值得铭记的美好啊！

【陈铭观点】

虽然有一个小小的误会，但能看出师生关系是真的很融洽，才能够像朋友一样互相吐槽。很庆幸，这个误会没有影响到他们的师生关系。从两人的互动中，我看到了当代青少年与年轻老师之间更为亲密的一种关系，这是否象征着中国的教育理念也在发生某种程度上的转向呢？甚或隐喻着当下教育界一种更加积极、开明的教育观？这正是我所期待的理想的师生关系。

精彩片段回顾

"打游戏，我输给了物理老师！"

曾经的我认为学习每个人都可以搞好，但游戏不是每个人都可以玩好的！所以相对于成为学霸，我更想成为一名游戏高手！

北京师范大学株洲附属中学
高三（6）班　张高钦

【喊话】——————————————— 张高钦

　　曾经的我是一名网瘾少年，学习垫底，终日与游戏为伴。当时我觉得学习每个人都可以搞好，但游戏不是每个人都可以玩好的！所以相对于成为学霸，我更想成为一名游戏高手！

　　直到有一次我逃课上网时，竟被我的物理老师老谭抓住了！令我意外的是，他并没有把我送去学工处，也没有打电话通知我的家长，而是另开了一台机子坐下来，对我挑衅道："听说你因为自己游戏玩得很好，就瞧不起那些学习好的人，那要不要和我这个老师来单挑一把？"我心想，像我这样的游戏"老手"，"虐"他还不是小菜一碟？于是爽快应战。但让我没想到的是，我迎来的却是连续的惨败……于是他二话没说把我抓出了网吧。

　　在路上他对我说："不要因为自己成绩不好就瞧不起那些成绩好的人，认为他们只是会考试而已，更不要瞧不起那些努力的人，因为即使你努力，也不一定比他们强！"这句话像一块石头，重重地砸在我的心上，从此我再也没有逃课去过网吧，而是"改邪归正"，努力学习。

老谭，谢谢您！是您教会了我读书和做人！我以后也要成为像您一样的老师，去帮助更多像以前的我一样的学生！

老谭，遇见您，是我高中最幸运的事！

 【回应】————————————————————— 谭老师

谭老师：高钦，你知道吗，在你身上，我总像是看到了当年的自己。我觉得每个人的花期是不同的，你也一样，都是可塑之才。看到你的进步，我非常开心。你现在作为班长，也给班上带来了很多正能量。我希望你能够不念过去，不畏将来，只争现在！带领我们（6）班"战胜"高考，做一次真正的"王者"，好不好？

张高钦：好！

【精选留言】

@爱不单行：学生时代遇到这样的老师是莫大的荣幸，施教有方，法不在责，这样的老师真的会影响学生一辈子！

@琥珀：千里马常有，而伯乐不常有，老师不但教会他们知识，更重要的是教会他们怎么做人。

【陈铭观点】

这个老师很让人敬佩，高钦经历过的一切，就仿佛是他当年的重演。谭老师说得对，那些学习比你好的人，说不定游戏玩得比你更好，所以不要以为自己一方面出众而轻视别人。而且像游戏这种东西，只要你愿意放纵可能就能玩好，但学习是克制，克制才是最难的，既把学习抓好了，又把游戏玩好了，才是最厉害的！

精彩片段回顾

"郭老师，我对你有意见！"

郭老师，你对我造成了很大的压力，我对你有意见！

长沙碧桂园威尼斯学校
五年级（1）班　宋皓君

 【喊话】————————————————————— 宋皓君

今天我想对我的班主任说：郭老师，我对你有意见！

因为你，我妈妈整天让我练字，练得我都快累"死"了！

练完后不仅不让我休息，还让我去打篮球，还说你看你们郭老师人长得帅、篮球也打得好！

这对我造成了很大的压力，我会很累的！

 【回应】————————————————————— 郭老师

郭老师： 皓君，我给你造成了心理压力，郭老师也觉得很过意不去，这确实是我的错。不过，你有一点已经超过我了，你的颜值已经比我高了！

宋皓君：谢谢！

郭老师： 我们一起努力，好不好？

宋皓君：好！

郭老师：五（1）班同学，一起努力，好不好？ ［五（1）班全体同学热烈回应］

【精选留言】

@佛系娃娃菜：成长路上遇到这样一个可爱的老师，太幸运了！也是这样的老师才会带出来这么快乐的学生，年纪轻轻就知道表达自己的想法了，很棒。

@李希：果然好老师带给学生的不仅仅是知识，有压力才会有动力，以老师为榜样去变成更好的自己吧。

【陈铭观点】

有郭老师这样优秀的人做榜样应该很庆幸呀，妈妈总是拿郭老师来鞭策你，一是因为郭老师的优秀，二是想让皓君也成为一个优秀的人。有这么一个十项全能的老师，压力肯定是有的，不过有压力才会有动力，还有压力也不全是鞭挞，它包含了妈妈和老师对你满满的爱和期望，希望皓君向老师学习，努力变成一个像老师一样技能满满的人，青出于蓝而胜于蓝，我相信老师和妈妈都很愿意看到一个更加优秀的你！

精彩片段回顾

第三章

社会与梦想

当你真心渴望某样东西时，整个宇宙都会联合起来帮助你完成。

——保罗·柯艾略

When you truly want something, all the universe conspires to help you finish it.

——Paulo Coelho

社会是少年终将面临的大型试炼场。在进入社会之前，我们的少年已经在尝试着与它对话了："我受到了网络暴力""道德绑架是怎么一回事儿""性别刻板印象是什么""如何看待我们的民族与国家"……这些对话或许是小心翼翼的，但是它们都有观点、有态度、有思辨。在我们接触的少年中，思考社会的人并不在少数，这让我们感到惊喜又欣慰。

　　"无穷的远方，无数的人，都和我有关。"没有人能够独立于世界之外，如同浪花无法脱离大海一样。少年无疑是勇敢的，当许多成年人对周遭的一切漠不关心时，他们对世界仍然保持着强烈的好奇心和探求欲。通过少年的视角，我们或许能够重新审视这个世界。

　　梦想，是指引人们不断前进的动力。少年是国家的未来，少年梦则让这个未来有了更具象的描摹。在与我们交流的少年中，很多人都有着非常远大的梦想，这些梦想有的看起来容易实现，有的则会让人发出"不撞南墙不回头"的感慨。但是啊，正如少年所说："我不撞南墙，怎么知道南墙厉害还是我厉害？我不撞南墙，怎么知道南墙后面的天地是什么样的呢？"年轻最可贵的，不就是这一份"明知南墙也要撞"的勇气吗？

　　少年说：中国有我，其道大光。

　　我们说：少年中国，未来可期。

　　这一章节的少年喊话，便是关于少年眼中的世界，关于少年心中的梦想。

第 一 节　我 想 和 世 界 谈 谈

"我 受 到 了 网 络 暴 力"

今天我想对我的好朋友于嘉欣说：谢谢你对我的帮助！前段时间，我受到了网络暴力，是你一直陪在我身边，给了我关心和鼓励。

沈阳一中

高二（3）班　刘爱紫

【喊话】 ━━━━━━━━━━━━━━━━━ **刘爱紫**

　　我是一个想法很天真、有什么就说什么的人。当我看到有人在网上恶意攻击一个网络博主时，我感到特别不理解，我发表了自己的看法，结果成了被攻击的人……

　　那时候的我心情很低落，我不明白为什么这件事情本身和我没有关系，只因为我去讲了道理，就把"暴力"转移到了自己的身上。我觉得网络上一句无意的话很可能会伤害到别人。其实赞美他人要比恶意辱骂更能带来快乐，多一点正能量，不好吗？

后来我向你倾诉了这件事情，你说："每一个人都是不一样的，这个世界上不可能全部人都喜欢你，但是你只要做得正确、做得问心无愧，就不会让这些事情影响到你的心情。"

于嘉欣，谢谢你对我的帮助，谢谢你给我带来的正能量！

 【回应】 ——————————————————— **于嘉欣**

于嘉欣： 刘爱紫，我知道你是一个直言直语的人，你去评论那些人也只是表达了你的看法，我没有觉得你是错的。只要自己行得正、坐得端，就不怕那些人。以后无论遇到什么，我都会支持你！

刘爱紫： 我想把你带给我的正能量也传递给别人，因为我相信这个世界始终是美好的！感谢我的高中时光有你们相伴，陪着我一起成长、和我一起进步，我爱你们！

主持人： 竟然被"键盘侠"欺负了，你有回骂他们吗？

刘爱紫： 没有。

主持人： 这样做是对的。互联网上的声音有两类：一类是"情绪"，它会干扰

和影响你的情绪，它是一些发泄性的语言，你就当它们是空气；还有一类声音是"观点"，它背后有逻辑的支撑，有价值，它会让你从中有收获，你可以吸取有价值的那一部分。当你在网上发言的时候，也要尽可能多地去发表"观点"而不要去发泄"情绪"。最后，你的好朋友嘉欣给你的这一点建议我觉得至关重要，无论什么时候，心底都要有善恶的底线。

【精选留言】

@Escape纸鸢海：我记得《人间失格》里说："这世上每个人的说话方式都如此拐弯抹角、闪烁其词，如此不负责任、如此微妙复杂。他们总是徒劳无功地严加防范，无时无刻不费尽心机。"

@富贵改名了：多发表观点，少发泄情绪。成熟的必经之路，就是学会理智地控制情绪。

@Olivia：当道德成为一种借口，正义成为一种武器，我们逐渐习惯了用看不见的利刃在别人的伤口上划下一刀又一刀，我们能做的只有改变自己，拥有勇于抗争的勇气和保持冷静的理性。

【陈铭观点】

受到网络"霸凌"之后，人们的反应一般有两类。第一类是成为他们，变成情绪的奴隶然后滑向深渊；第二类就是远离他们，离开网络不发言算了，丢掉了自己。她走出了最难却也是最应该走的第三条路：真正理性地去面对，耐心地去分辨，积极地去引导。每一个个体成熟的必经之路，也是每一个有责任感的互联网世界公民应行之路，便是学会理性地控制情绪，并让这个原则影响到更多的人。

精彩片段回顾

"公交车上，我可以不让座吗？"

不让座就是不够尊老爱幼吗？

内蒙古师范大学附属中学
高二（12）班　侯振宇

 【喊话】 ──────────────── **侯振宇**

今天，我想分享一段我和同学在公交车上的经历。

那天我和同学坐在公交车前排的位置，突然上来一位50岁左右的阿姨，指着我们没头没尾地破口大骂，说我们不给她让座，说我们不尊老爱幼。但是，当时的车厢里空荡荡的，爱心专座也空着，而且在她出现的时候，我们并没有看见她。当时我也许是被阿姨骂蒙了，车一到站，我们两个人就灰溜溜地走了……

虽然我知道，正值青春年少的我们尽自己所能帮助别人是理所应当，尊老爱幼也是理所应当，但我还是觉得心里不舒服。李晓波老师，我想问您，如果我们以后再遭遇到这种情况，应该怎么办呢？

 【回应】 ──────────────── **老师**

老师： 你这个问题让我感到很放心。我觉得在我们生活中，这种让你感到非

常生气的人和事一定会非常多。我们无法去改变这些事情，但是我们可以改变我们对待这些事情的态度，拥有一个比较积极乐观的心态，从消极的事情当中去发掘积极，拥抱我们的生活。我觉得这就是我给你的答案。

主持人：要是老师遇上了振宇刚才所提到的公交场景，您在现场会怎么说呢？

老师：我会告诉她，如果你现在咒骂的这些孩子是你自己的孙子或者外孙，你会不会心里感到愧疚？或许我会这样问她。

主持人：用这种同理心转换的方式，希望唤回她的良知，这是一个办法，老师教的这个办法不错。我也给你传授一招，像遇到这种无理的人和事，你要相信"幽默"的力量。如果是我碰到这种情况，我可能会第一时间说："小姐姐，我还真没想到要给您让座，我一直接受的教育是给'老人'让座，您看起来也就三十刚出头。"她凶你就乐呵，你就说："你这么年轻还要让座，不可思议，我觉得我给您起来让座是骂你。"这时候她就会说："小子你真会说话，坐坐坐，我们聊聊！"对不对？

侯振宇：好的！谢谢哥哥，谢谢老师！

【精选留言】

@Ps踮起脚：当主动行使的权利变成务必付出的义务，早已超出传统美德的界限，这就是道德绑架。

@Miracledy：让座是情分，不让是本分，让座本就出于自愿，没有人可以强迫。让座者出于善良而让座，而被让座者也应当懂得感恩。

【陈铭观点】

其实我们会发现，有时候身边会有很多戾气，当你想皱眉头的时候，你一定要去仰仗笑容的力量。我们要相信笑容的力量，相信幽默的力量，幽默很多时候是在俯视她，让她陷入真正的尴尬之中。然后有时候她歉意地一笑，意识到自己的无礼，很多事情就解决了。我觉得这一点下次可以试试看。谁在你面前凶，特别无礼，你就笑，然后把他的那份无礼荒谬巧妙地点出来，让他自己意识到就好了。

精彩片段回顾

今天我站在这里，想要感谢一个人。

长沙明德华兴中学
初二（10）班　谢玲

 【喊话】 ————————————————————— 谢玲

　　在我小学五年级的时候，妈妈生了一场大病，经过治疗，医生说要换肾才可以延长她的生命。但是一颗肾千金难求，妈妈一直在与病魔做斗争。

　　到了最严重的时候，出现了一个陌生人，他把他身体的一部分，无偿地捐赠给了我的妈妈，让妈妈有了重新活下去的希望。

　　虽然我并不认识他，我也从未见过他，但是我深深地感谢他！

　　陌生人，谢谢你！我会向你学习，去帮助更多的人，让这个社会充满爱！

 【精选留言】

　　@谢家毛毛mm：我们每个人的生命，因你我他的关心与付出而延续，对每一位认识或不认识的人怀抱感恩之心，十分必要。

精彩片段回顾

【陈铭观点】

孩子很懂得感恩，这份感恩是对一个陌生人的，一个给自己妈妈无偿捐赠肾脏的陌生人。懂得感恩是一件好事，希望孩子能记住这份恩情，等到自己有能力之后，用自己的方式去回馈社会，成为一个值得被感恩的人。**希望我们永远都怀有一颗感恩之心！**

"健美操不是女生的专属"

我是我们班唯一一个——跳过健美操的男生!

长沙明德华兴中学
初二(11)班　陈彦兵

【喊话】 ——————————— 陈彦兵

　　我们班很多人给我起了很多奇怪的外号,比如"兵姐""美少女"……让我很难堪。

　　我知道,很多人对跳健美操的男生有很深的误解,所以,我在这里想对大家说——

　　跳健美操融合了力量与美,与打篮球、踢足球没什么两样!

　　希望大家放下成见!　(现场即兴表演一段健美操)

【精选留言】

　　　　@细水长流:谁说女孩生来就只能喜欢芭比娃娃,男孩一定得喜欢足球和击剑,健美操不是女性的专属,足球和击剑也可为女孩所热爱。孩子,听从自己内心的声音,并坚持自己,你会走得更远!

【陈铭观点】

　　真的给我们提了个醒，其实很多关于性别的刻板印象，从很小的时候就开始萌芽生长。如果我们在越小的时候改变它，未来的平权世界就会越方便、越平等。健美操没有性别之分，男孩很棒！不惧别人的眼光，打破世俗的成见，我想这不是一个笑话，而是一个榜样，一个坚持自我与世俗抗争的榜样。最终，世界会因每个人的一点点努力，以及与世俗抗争的决心而放下成见。

精彩片段回顾

在敬老院，我这个15岁的女孩，竟然被一个40多岁的大叔称作"阿姨"！

桃源一中

高一（11）班　向群

【喊话】━━━━━━━━━━━━━━━━━━ 向群

今天，我想和大家分享去年我做义工的故事。

在敬老院，我这个15岁的女孩，竟然被一个40多岁的大叔称作"阿姨"！

其实，他是一位智力有障碍的人，他40多岁的年纪却只有四五岁的智力。

我想说，通过做义工，我意识到这个世界上有很多像他一样的人，他们需要更多的关心和爱去照亮他们的世界！所以，希望大家也能加入我们义工的行列，和我一起去帮助他们！

【精选留言】

@榴莲芒果小橘子：得知真相的我被感动了。在如花似玉的年纪被叫阿姨，却一点也不生气，反而很温馨。人多一份关爱，世间就多一份大爱。

@thoshf：一个义工，就是生长在人间的一株小草、一朵小花，它简单无求，渺小无谓，只希望给这个世带来美好、装点美丽、洒下爱！

【陈铭观点】

以为是一个吐槽故事，没想到是一个这么正能量的故事。15岁的小女孩被叫阿姨，没有生气，反倒去关心这个智力上有问题的40多岁的大叔，可见向群是一个很有爱心的女孩。义工在西方国家青年群体中已经成了一种最常见的慈善形式，而在中国，还有很长的路要走。向群能够通过做义工的方式关心帮助更多的人，同时能在这么多人面前呼吁大家加入义工队伍，让我们肃然起敬，我们应该为她鼓掌！

精彩片段回顾

我希望以后会有更多的外国人知道，有一种书法，叫作中国书法！有一种图画，叫作中国国画！

天津泰达枫叶国际学校
四年级（2）班　仝家琪

【喊话】 ———————————————————— **仝家琪**

大家知道我身上戴的是什么吗？我大伯是一名击剑运动员，这是他2008年参加北京奥运会击剑比赛时获得的徽章！

这上面是我们的五星红旗，下面是奥运五环。那一年我正好出生，所以赛后他为了传递这种奥运精神，就把它当作出生礼物送给了我。

等我长大懂事之后，大伯经常给我讲他参与各种比赛的事情。慢慢地，我觉得这枚徽章代表着一种精神、一种荣耀！现在每天上学，我都会把它戴在胸口，而且我带着它去过14个国家。

我觉得中国是一个拥有5000年历史的国家，理应把中国文化发扬光大，所以我又学习了国画和书法，以后出国也会把这两样东西带在身上！

我希望以后会有更多的外国人知道，有一种书法，叫作中国书法！有一种图画，叫作中国国画！

【陈铭观点】

精彩片段回顾

爱国主义和民族自豪感是一件非常奇妙的事。当你去的地方越多，视野得到拓展的同时，思想也得到了升华，便越能激发你对祖国的热爱以及对民族的自豪。有的时候出去得太少，可能还有一种奇怪的现象，即认为外国的月亮比较圆、外国的水都比较甜。去多了之后，你才知道家是中国好，百年老字号！

中国人不能忘记自己的传统习俗,我希望我们的子孙后代都能记住,然后一直传下去!

长春吉大附中力旺实验学校
三年级 (4) 班　王子炎

 【喊话】———————————————— **王子炎**

　　我特别喜欢舞龙舞狮!我最开心的事就是被社团老师选中,加入了我们学校的舞龙舞狮社团。

　　我还希望我们的社团老师能好好教我们,带我们到世界各地去表演,和世界各地会舞龙舞狮的人们切磋,把中华文化带出去,让大家都爱上中华文化!

　　中国人不能忘记自己的传统习俗,我希望我们的子孙后代都能记住,然后一直传下去!

 【回应】———————————————— **老师**

　　老师:王子炎,老师送你一个大拇指!是你的坚持与努力造就了你与其他人的不一样!老师非常欣赏你的一句话,把舞狮技艺、把民族传统技艺发扬光大，老师也希望你继续加油！

王子炎：好！

【精选留言】

@农农JESO：优秀传统文化是历史留给我们的巨大精神财富，"十年树木，百年树人"，传统文化教育重在以德为本，应该从小抓起，在学习生活中见微、见实、见行。少年，你很棒！等我以后有了小孩，我也会让小孩去学习传统文化、发扬传统技艺。

【陈铭观点】

王子炎喜欢舞龙舞狮，还有一颗想把中华传统文化传递到全世界的心，真的很棒！希望越来越多的年轻人关注中华传统文化，把我们自己的文化发扬光大，文化传承这件事，少年兴则传承兴！

精彩片段回顾

"我不撞南墙，怎么知道是南墙厉害还是我厉害？"

妈妈，我知道你很爱我，你希望我幸福。但是，每个人对幸福的定义都不一样。你认为平平淡淡才是幸福，你希望我以后成为一名老师，我能理解；但是，妈妈，你能不能听听我的想法呢？

湖南桃源一中
高一（15）班　翦欣平

【喊话】————————————————————**翦欣平**

　　我的梦想是成为一名建筑设计师！能住进自己设计的房子里，有温暖的灯光、一家人的笑脸，这才是我认为的幸福。你说这个职业并不适合我，认为我是不撞南墙不回头。

　　但是，我不撞南墙，怎么知道是南墙厉害还是我厉害？我不撞南墙，怎么知道南墙后面的天地是怎样的呢？

　　妈妈，你可以相信我、支持我吗？

【回应】 ——————————————————— **妈妈**

妈妈： 女儿，我很爱你！我想让你过平平淡淡的生活，我不想你今后的生活有很多波折。

翦欣平： 妈妈，建筑设计师这份职业其实没有多少波折，最终它是给幸福的人锦上添花，给不幸的人雪中送炭。

主持人： 欣平妈妈，您不太赞同这个选择的主要原因是在哪方面？

妈妈： 我希望一个女孩子有一份属于自己的平平淡淡的职业就好。

主持人： 也有很多平平淡淡的建筑设计师，但也有很多非常辉煌的女性建筑设计师，如之前著名的扎哈·哈迪德。在咱们中国，林徽因也是建筑上的大师。欣平，如果你是真心喜爱这份职业，你不能只挂在嘴边上，你一定要给妈妈呈现你为这个职业付出的真实的脚步和汗水，可以吗？

翦欣平： 可以！

主持人： 下去之后，给自己几天的时间，详细地拿出一个未来十年的路线图，给妈妈看看。加油，相信你一定可以！

【精选留言】

@爱好逆： 也许正是因为知道南墙背后的天地有多无奈、心酸和艰难，才不愿让你去承受。不论结果如何，只要家人依然是你坚强的后盾，那就勇敢地去飞吧！

@潘盼盼： 妈妈和女儿的立场都没有错，只是两代人的想法不一样了。父母不想让孩子受苦，希望他们过上轻松的生活，儿女却想要坚持自己的理想，做自己爱的事。希望这个小妹子心想事成！

【陈铭观点】

在代际冲突这个议题中，职业选择方面的冲突尤为突出。究其原因，往往是因为新的职业类别层出不穷，这些新兴职业大多是父母并不了解甚至听都没听说过的。除这位女生的建筑设计师梦想之外，之前一位男孩想做up主、一位女孩想做插画师，还有一位想做网络文学写手，都让他们的家长一脸蒙——你们到底在说些啥？成长将成为贯穿一生的永恒主题，这不仅仅是对这个时代所有孩子的要求，更是对所有家长的考验。爸爸妈妈们，拓宽自己的认知边界吧！充满好奇与动力地进入每一个之前所不了解的文化世界中去，否则，在这个即将到来的时代，代价绝不仅仅是无法跟孩子交流那么简单！

精彩片段回顾

"妈妈，我也有自己的追求和梦想！"

妈妈，可不可以让我花一点自己的时间，去学习乐器？

重庆外国语学校
初二（6）班　张心怡

【喊话】————————————————————————**张心怡**

　　我的妈妈是前乒乓球专业运动员，我爸爸是前足球国家队运动员。我从小就跟我妈妈学习乒乓球。

　　但是今天，我想跟我的妈妈说一声——

　　可不可以让我花一点自己的时间，去学习乐器？因为我真正热爱的是音乐和乐器，我也有自己的追求和梦想！

【回应】————————————————————————**妈妈**

　　妈妈： 宝贝，你从7岁开始打乒乓球，这么多年过去了，你流了多少汗水、付出了多少心血，你自己心里最清楚。你的付出现在已经有了回报，是不是？你现在学习压力如此大，不是妈妈不通情达理，而是考虑到你没这么多时间。如果说你有这种想法，我们可以挤出一部分时间，适当牺牲自己的休息时间去练习乐器，你觉得行吗？

张心怡：我自己会坚持练习乒乓球。但是，我希望至少每周有一小时的时间来学习乐器。

妈妈：那你要好好分配自己的时间，不要最终二者都兼顾不了，明白吗？

张心怡：谢谢妈妈。

【精选留言】

@不具名浪漫：处于青春期的孩子，个人主体意识逐渐觉醒，开始形成自己的世界观、价值观。他们渴望体验象牙塔外那多姿多彩的世界，挣脱父母的束缚，让自己能在青春里放肆。他们有自己的追求和想法，尽管他们的想法可能得不到长辈的认同，但那是他们内心深处最真实的想法，不一定正确，于他们而言却很重要！

【陈铭观点】

妈妈知道在这个年纪开始学乐器有一点晚，取得和打乒乓球时同样的成就的可能性比较小，所以妈妈不希望女儿把时间全花在学习乐器上面。从时间线上来讲，姚明4岁开始练篮球，直到11岁，枯燥的篮球训练终于让他产生了放弃的念头，他坚决地跟父母说再也不打篮球了。姚明的父亲听后极力反对，告诉他无论如何都要练到18岁。正是这样的坚持，使姚明能够苦尽甘来、脱颖而出，成为中国篮球的名片，使中国篮球队员在NBA赛场上拥有了姓名。等姚明回头来看的时候，他有感激也有遗憾。他说他很感谢他爸爸把青春期的那个自己给逼过来，毕竟所有的练习都是枯燥的；他也有遗憾，整个青春期只有篮球了。但是你知道<mark>不管怎么选择，青春都是会留有遗憾的。</mark>你说张心怡，如果十年之后打成了张怡宁呢？她会怎么来看待今天和妈妈的这场对话呢？

精彩片段回顾

我的爸爸妈妈都是医生，但他们却反对我成为一名医生。

河北正定中学
高二（16）班　贡佳桐

 【喊话】 ——————————————— 贡佳桐

我知道，医生的工作压力本来就很大，有时候还会遇到不理解他们工作的病人，他们不希望我以后也像他们一样辛苦。

但是，爸爸，我印象最深刻的病人是当初那个生下来只有一千克的小孩，是你精心照顾了她两个月，才让她平安长大！现在，她的爸爸妈妈每年都会带她回医院，跟当初治疗她的你一起过生日，到现在已经六年了。

所以，爸爸，请支持我吧！这不是冲动，而是我的志向！请给我这个机会，好吗？

 【回应】 ——————————————— 爸爸

爸爸：作为最爱你的老爸，从内心来说是不支持你的。爸爸原来跟你讲过，学医非常辛苦，要考一所好的医学院校学临床，分数比较高，这就意味着你在高中阶段要付出比别人更多的努力。上大学以后，当别的同学正在林荫下嬉戏的时候，你有可能还在抱着书苦读。毕业以后，你还要面临考研读博，需要将近十年的时间。当你好不容易毕业了，你转过头来一看你那些同学，人家的孩子可能已经能给爸爸点烟了，已经能给做饭的妈妈打酱油了……爸爸说这么多，也是希望你能够慎重地考虑，你还是愿意坚持学医吗？

贡佳桐：我愿意！我愿意用十年的努力去换一个未来的医生，我相信我自己能做到，我相信我自己不会后悔！

爸爸：爸爸需要再说的是，现在医学变化非常快，随着技术的发展，这个新的检查手段、治疗方法在不断地更新。每一点知识的欠缺，每一项技能的不足，都会影响你对病人的治疗。即使以后你到了50岁，甚至60岁，这书本永远都放不下，永远都要去学习。爸爸跟你说了这么多，最后你的想法是不是有所改变？爸爸想听你再说一下。

贡佳桐：爸爸，你说的都是医生的苦，但我向往的是医生的甜。能看着一个病人因为自己的治疗而康复，甚至是因为我的努力而保住性命，这份成就感让我发自内心地喜欢这个职业，我相信我能够做到！

爸爸： 听你这么说，爸爸非常欣慰，既然你选择了学医，你就要坚持走学医这条路，要一辈子不后悔！爸爸希望你以后一定要坚持自己的信念，要精心去努力、去钻研，以后当一个好医生！

贡佳桐：我相信自己，我以后一定能坚持我自己的志向！

爸爸： 爸爸也相信你，爸爸为你骄傲！

贡佳桐：谢谢爸爸！

【精选留言】

@云淡风轻-KJX： 虽然学医有些辛苦，但成为医生为病人解除痛苦的成就感是任何职业都不能体会的。如果有更多制度的保障来维护医护工作者的安全，那么在不久的将来应该会有更多的医生父母给自己的孩子说："孩子，成为一名医生是我最骄傲的事情，如果你想选择当一名优秀的医生，爸爸妈妈全力支持你。"

@锅盆今天找到工作了吗： 真的是以小见大。医生培养的漫长，医生工作的辛苦，医患关系的紧张，每个原因都让医生非常辛苦，慢慢觉得"劝人学医，天打雷劈"不是一句玩笑话，希望全社会都对医生善良一点。

【陈铭观点】

其实爸爸只说了从事医生这个职业的苦，除此之外，他可能还有一些心底的苦没有机会表达。我想爸爸考虑更多的是从现实、社会的角度来分析学医的艰难和从医的不易，希望孩子别吃那么多苦，但殊不知你们作为一名医生的使命和平时的所作所为已经在孩子心中烙下了深刻的印记，孩子渴望成为像你们一样伟大的医者，我想孩子是愿意吃苦的，因为这是孩子的梦想，是父母树立的榜样。

精彩片段回顾

我一直相信，我一定可以成为像爷爷一样优秀的医生！

河北正定中学

高三（22）班　林雨欣

【喊话】　————————————————**林雨欣**

　　我的爷爷是一名医生，他已经65岁了，但是他还坚守在一个连基础用品都难以供给的乡村医务室里。我一直相信，我一定可以成为像爷爷一样优秀的医生！

　　爸爸妈妈非常希望爷爷回来和我们一起生活。但是爷爷总说，他是村子里唯一的医生，要是他走了，那剩下的没有条件走出来的人，就更难以生活了……看着爷爷坚守了30年的医务室，我也坚定了自己要学医的梦想。

　　我一直相信，我一定可以成为像爷爷一样优秀的医生！等到以后，我就可以把爷爷换回来了！

　　妈妈，请你相信我，我一定会做一名像你一样、像爷爷一样优秀的医生！

【回应】　————————————————**妈妈**

　　妈妈：妈妈从事这个职业有很多年了，更理解其中的辛苦，但我还是不希望

你从事这个行业。我想问你一些问题，你从小就很喜欢小动物，如果把一个小动物摆到你面前，让你给它剖开，你忍心吗？还有你特别怕血，打针输液的时候，你都会把脸背过去，这些你都能克服吗？还有很多困难，比如现在医患关系相处难，大家总以为患者是弱势群体，医生很强势，其实医生也带着病痛、亚健康，一直在（岗位上）坚持，这只是其中的一点。

主持人：这也是我想问你的地方，你们喜欢医生这个行业，是因为你们觉得在那么苦、十几年的付出之后会有甜。可是当你每天十几小时的付出之后，有时候你在患者眼中看到的是抱怨，是基于不理解的愤怒，甚至要承受这些完全不由你承受的道德和情绪上的压力，你还有信心说服自己坚持下去吗？

林雨欣：我觉得世界上大多数人都是善良的。能帮助别人一定是快乐的，所以会有好的收获。

主持人：如果你帮助的人，即便他不感谢你，你依然会坚持帮助他，是吗？

林雨欣：对。

主持人：如果你想想爷爷付出了这么多，可是他得到的报酬跟付出不成正比，这样的情况，你可以接受吗？

林雨欣：我觉得可以，既然选择了学医，就是不管遇到什么困难，都要坚持下去！

【精选留言】

@一只崽啊：十几岁的时候脱口而出的是："不管……我都会坚持！"听完心中只有一个词——少年感。后来他们可能会发现成为医生的道路和他们想象中的南辕北辙，他们遇到的老师也不都像他们的父母那样，成为医生需要的不仅仅是爱心、奉献。在一个高中生看来，坚持这些品质是这么理所应当，是这么"我觉得我可以做到"。祝你们好运，未来的师弟师妹。

@Masque_Croyances：感觉就像是当年的自己，顶着全家的反对，义无反顾地选择了学医，并非不知环境险恶，也知道需要付出的努力是其他的百倍，但还是愿意用自己的坚持去守候哪怕只有那一点点光亮。三年多了，我依然不后悔当初的选择，希望他们也可以像我一样幸运、一样无悔！

【陈铭观点】

　　前面两个家庭分别讲述了学医过程中会遇到的种种困难。我在想这就是这个行业需要面对的所有困难吗？还是说其实还有更多难以克服的困难，这些孩子可能没有意识到？我看到了镜头前林雨欣妈妈的眼神，有悲伤但同时又有希望。因为她看到了女儿身上可能具备作为医生必备的奉献精神。

　　我想跟镜头前更多普通的患者、观众分享的是：我们不能把一个行业的未来，尤其是跟我们每个普通人健康息息相关的行业的未来，寄托在所有的奉献精神之上；它背后应该有更坚实的制度保障，否则只会使越来越多处于社会中坚力量的医生跟自己最爱的孩子说"不要干这个行业"。很感谢今天两位医生家长做出非常真实的分享，你们对孩子的这个态度在某种意义上折射出这个行业现在面临的一些问题，值得当下全社会关注并思考。

精彩片段回顾

"我 的 身 后 站 着 一 个 民 族！"

在这里，我想对民族中学的每个同学说，我希望你们在追逐繁华大都市的时候，不要忘记你心里最深处的那个家乡！

云南民族中学
高二（4）班　方冬连

【喊话】━━━━━━━━━━━━━━━━━ 方冬连

　　我来自云南大理的剑川县。我的家乡有特别多富含文化底蕴的木雕，有历史上遗留下来的石窟，还有公路两旁随处可见的白族古典家具。在我的家乡，大多数人以干农活为生，一个孩子的学费对于很多家庭来说是不小的负担。

　　当我考上高中来到昆明，可以说我来到了一个不太一样的世界：这里有望不尽的高楼大厦，有永不熄火的灯火，还有喧闹的夜市……

　　每次假期回到家，我的感触都特别深，因为村子变了，它变得很安静、很小，跟小时候不太一样。当我出去走走看看了以后，才知道这是为什么——因为我能看到的大多是头发花白、拄着拐杖的老人和只有几岁的小孩子。看到这些画面，我很心酸，因为村子里的年轻人大多出去工作了。

　　当我看到很多人都想着要怎么样才能离开那个地方的时候，我心里却有一个声音在不断地提醒着我自己，我要回去！我要回到那片土地上！

　　还记得高一刚入学时，我的第一个班主任蔡老师对我们说过的一句话："民族中学的每一个孩子，身后都站着一个民族，你读书不仅仅是为了你自己，更是为了你身后的民族！"当时我不懂，我觉得我很渺小，我承担不起那么沉重的一句话。但是后来我逐渐意识到，我在这所学校待得越久，我就越知道"民族"这个词对我意味着什么。

　　每一个热爱家乡的人，都不应该只是嘴上说说，而是要真的付出行动！我希望在大学毕业之后，可以回到家乡做一名老师或者医生。只要是我能做的，我都会尽力去为我的家乡服务。

　　在这里，我想对民族中学的每个同学说，我希望你们在追逐繁华大都市的时候，不要忘记你心里最深处的那个家乡！当你真正学有所成、有所成就的时候，你能回到那片生你、养你的土地！谢谢大家！

【精选留言】

　　@笨笨就要好好努力：这是一个有着大爱的女孩儿，是一个有崇高理想的女孩儿，世界需要这样的人！

@小方方方呀：这个故事最感动我，它不是常见的亲情友情，而是年轻的小女孩坚持回报家乡的信念。我的家乡也一样，没有活力，一眼看得到未来，我却只想离开，自愧不如。

【陈铭观点】

　　当下这个社会，"我"才是永恒的主题。比如，我要让自己变成一个更好的人，我要实现自己的个人价值……大家都特执着于实现自我价值。让我特别感动的是，冬连并没有执着于此。她想到的是让自己的家乡、自己的村子、自己的民族因为有了自己的存在而变得更美好、更优秀。拓展人生的高度与宽度可以是一种追求，设立宏伟的目标当然也没有错，可是小而温馨的家园，口音一模一样的可爱老乡们，也完全可以成为赋予人生意义的客体。**不必都去诗和远方，亦可坚守爱和家乡。**

精彩片段回顾

去年生日，我送给了自己一份特殊的礼物——书法展。

吉大附中力旺实验学校

三年级（3）班　王君宁

 【喊话】 ──────────────────────── **王君宁**

去年生日，是我有生以来过得最开心的一天！我送给了自己一份特殊的礼物——书法展。

我特别感谢温校长还有书法社的邹老师，他们为我举办了一次书法展。

现在大家手机用多了，很多中国人都很难写出一手好的中国字。可是，中国人需要写好中国的汉字！所以说，我准备了一份礼物送给大家——

"少年强则国强！"

 【精选留言】

@一朵野花儿：虽然这个孩子年纪小，但三观很正，还有一颗爱国之心。希望孩子们都能像这位男孩一样，保持一颗爱国之心，为祖国的繁荣昌盛做出自己的一点努力！做中国人，写中国字，展现中国人的魅力！

@向阳而生： 想当年我也是一个有着书法梦的少女，如今早已没有实现它的机会。小朋友，希望有机会能看到你的书法展！

【陈铭观点】

少年强则国强，少年能够关注传统文化，坚持传统文化，那我们国家的传统文化永远不会断层，不会消失。其实传统文化发展到今天，从不易被年轻人接受到年轻人开始极力弘扬，离不开这样的教育和这样有家国情怀的少年。我们每一个人的坚守，都会促进中国传统文化的繁荣昌盛。作为新一代的青少年，有责任把中国优秀的传统文化传承下去并发扬光大。

精彩片段回顾

我的外公、父亲、姑姑都毕业于正^(定)中^(学)，作为家里的第三代正^(定)中^(学)人，我又站在了这片热土上，也感受到了每一代正^(定)中^(学)人心中的使命与传承！

河北正定中学
高三（2）班 刘子安

【喊话】 ———————————————————————————— **刘子安**

外公那一辈人，生于新中国成立前，他们的任务是让我们站起来。父亲那一辈人，生在改革开放时期，他们的任务是让我们富起来。而我们，生在世纪之交，也应有我们的使命与挑战！

少年一辈，敢想敢做，敢打敢拼！

120年前，一辈少年推动变法车轮，震动皇皇大清，向这个世界发出中国声音！

100年前，一辈少年高举爱国旗帜，斥诘魑魅魍魉，向这个世界发出中国声音！

70年前，一辈少年高唱爱国歌曲，投身家国建设，向这个世界发出中国音！

如今，在梦与责任的百年回想中，我们这一辈少年也应该发出属于我们的中国声音。

我们发声，对父母发声——爸、妈，孩子在成长，和这个国家一起成长，感谢一路上有你们。请放心，不忘山河之恩，力争报效家国！

我们发声，对老师发声——老师，学生从您身上学到了很多，请放心，不忘耳提面命，力承往圣绝学！

我们发声，对自己发声——不驰于空想，不骛于虚声，敢上九天揽月，敢下五洋捉鳖！

我们发声，对这个世界发声——中国有我，其道大光！

明年9月，北京大学等我！

【精选留言】

@雪山冰岛：不仅感染了少年情感，同时也让中年人这份压抑的情感得到了释然！我也是其中一个，曾几何时，少年心气，挥斥方遒，指点江山万户侯！加油！中国好少年！

@Y._.Y：00后的孩子，都是新时代的接班人。目前中国正走向繁荣富强，这个完美的时代应该造就出最优秀的你们，加油！

@Rocfish小鱼：这是何等的气魄与雄心壮志，少年强则国强，新时代的中国需要新时代的少年，加油少年！

精彩片段回顾

【陈铭观点】

他的这一段表达，层层递进，气势恢宏，听着有一种轩昂的气势！"正"和"中"这两个字，全都由横和竖组成，没有撇和捺，笔笔直直，豪气干云。这就是血脉传承的中国人！

图书在版编目（CIP）数据

倾听少年说 / 湖南广播电视台卫视频道编著. -- 北
京：人民日报出版社，2019.11
ISBN 978-7-5115-6236-4

Ⅰ.①倾… Ⅱ.①湖… Ⅲ.①青少年教育－文集
Ⅳ.①G775-53

中国版本图书馆CIP数据核字(2019)第226864号

书　　名：**倾听少年说**
QINGTING SHAONIANSHUO
作　　者：湖南广播电视台卫视频道

责任编辑：林　薇　陈　佳

出版发行　**人民日报**出版社
社　　址：北京金台西路2号
邮政编码：100733
发行热线：（010）65369527　65369509　65369512　65369846
邮购热线：（010）65369530　65363527
编辑热线：（010）65369514
网　　址：www.peopledailypress.com
经　　销：新华书店
印　　刷：大厂回族自治县彩虹印刷有限公司

开　　本：710mm×1000mm　1/16
字　　数：166千字
印　　张：15.5
版次印次：2019年11月第1版　2019年11月第1次印刷

书　　号：ISBN 978-7-5115-6236-4
定　　价：56.00元